탐험의 시대,
세 리더 이야기

길을 개척한 **섀클턴**
탐험에 성공한 **아문센**
목적에 충실한 **스콧**

저자 **서강석**

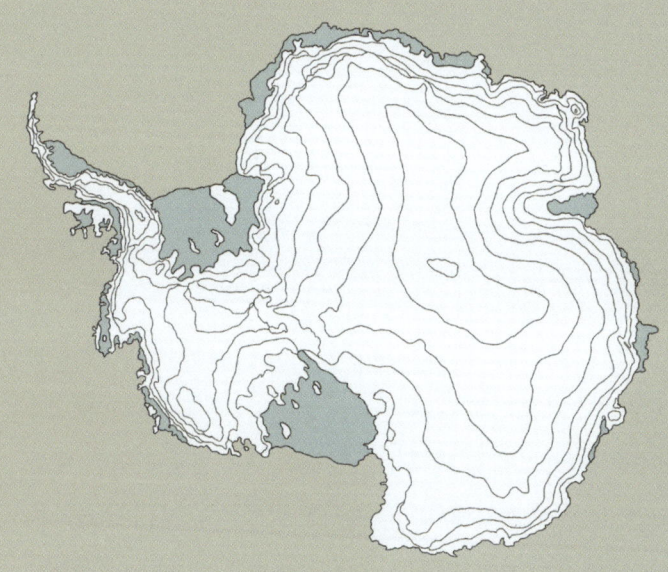

컬쳐코드

저자 소개

저자 서강석은 '직장인 행복 연구소'의 소장으로 행복한 일터와 고성과 조직에 관한 연구를 하면서, 리더십 개발을 위한 컨설팅, 교육, 코칭을 하고 있다. 서울대학교 법학과를 졸업하고, 가톨릭 대학교에서 상담심리학 석사 학위를 받았고, 같은 대학에서 산업 및 조직심리학 박사 과정을 수료했다. 한샘과 동화기업에서 경영혁신 팀장으로 일했고, 네모파트너즈 SCG에서 전략 컨설턴트, 글로벌 컨설팅 회사인 에이온 휴잇(Aon Hewitt)에서 인사 컨설턴트로 일했다.

이메일 : suh0820@naver.com **블로그** : http://blog.naver.com/suh0820

글을 시작하며

2008년 금융위기 이후 세계는 장기적인 저성장(New Normal)과 불확실성이 가득한 환경(VUCA)이 되었습니다. 4차 산업혁명으로도 불리는 디지털 혁신(Digital Transformation)이 미지의 영역으로 가는 새로운 길을 열었고, 코로나 팬데믹은 사람들을 그 길로 갑작스레 몰아갔습니다. 전혀 예상하지 못했던 변화가 일상 속으로 들어왔고, 변화의 속도는 더욱더 빨라졌습니다.

리더십이란 새로운 방향으로 나아가는 여정(旅程)이고, 그 길에서 겪는 여러 문제를 해결해 나가는 과정입니다. 그러나 리더에게 방향성 설정과 문제해결은 어려운 역할이자 책임입니다. 늘 그렇듯 세상은 불확실하고, 사람은 불완전하니까요.

리더는 불확실한 환경에서 기회와 위험을 탐색하고, 나아갈 방향을 정합니다. 멀리 바라볼수록 시야가 흐려지는 것처럼, 미래에 무엇이 기회이고 무엇이 위험한지는 불분명합니다. 최근에는 짙은 안개 속에서 헤매는 것처럼 바로 앞도 잘 보이지 않습니다.

리더가 남들이 못 보는 기회와 위험을 보려면 어떻게 해야 할까요?

다른 사람처럼 자신 역시 불완전하다는 것을 인식해야 합니다. 자신의 관점에 맹점(Blind Spots)이 있다는 것을 의식할 때, 자신의 시야를 가리는 편견(cognitive biases)에서 벗어날 수 있습니다. 그리고, 사람마다 관점이 다르다는 점에 주목하면, 혼자서 볼 수 없는 것도 여럿이라면 볼 수 있습니다.

리더가 남들이 못 잡는 기회와 위험을 잡으려면 어떻게 해야 할까요?

세상이 빠르게 변하고 있다는 것을 인식해야 합니다. 기존의 루틴이 이제는 베스트(Best Practices)가 아니라는 것을 의식할 때, 조직의 발전을 늦추는 경직성(Rigidity)에서 벗어날 수 있습니다. 그리고 사람마다 강점이 다르다는 점에 주목해야 합니다. 혼자서 할 수 없는 것도 여럿이라면 할 수 있습니다.

이처럼 리더가 불확실한 세상의 변화에 주목하면 새로운 길이 보이고, 불완전한 사람들의 시너지에 주목하면 새로운 길을 만들 수 있습니다. 하지만 말처럼 쉽지 않습니다. 안다고 금방 할 수 있는 일도 아닙니다. 리더는 자신의 확신에 눈이 흐려지고, 기존의 루틴에 발이 묶이는 경우가 너무 많습니다. 기업의 역사를 잠시만 돌아봐도 자신의 맹점(Blind Spots)과 조직의 경직성(Rigidity), 그리고 업계의 관성(Orthodoxy)에서 벗어나지 못한 리더와 창조적 파괴를 이끈 리더들의 경쟁을 쉽게 찾아볼 수 있습니다.

100여 년 전 이들도 마찬가지였습니다. 같은 시대를 살았던 세 명의 남극 탐험가, 아문센, 스콧, 섀클턴. 세 사람은 남극이라는 미지의 환경에서 남극점 도달이라는 위험한 도전에 나섰습니다. 그들은 각자의 상황이 달랐고 성향도 달랐습니다. 기회와 위험을 보는 관점과 대응 방식도 달랐죠. 그러나 남극이 얼마나 불확실한 곳인지, 자신들이 얼마나 불완전한 사람인지는 세 리더 모두 제대로 알지 못했습니다. 만약 그들이 자신들의 관점과 낯선 환경에 대처하는 방식에 대해서 더 많은 것을 알았다면 그들의 여정과 결과는 어떻게 달라졌을까요?

우리가 남극점 탐험에 나섰던 세 리더를 거울삼아 우리의 관점과 방식에 대해 더 깊이 성찰한다면, 불확실한 환경에서 우리의 경험과 성과는 어떻게 달라질까요? 아문센, 스콧, 섀클턴은 낯설고 위험한 도전에 나섰습니다. 멀리서 바라보면 그들은 성공한 리더, 실패한 리더, 그리고 위대한 리더로 보입니다. 그러나 남극점에 누가 먼저 도달했는지 그 결과만으로 그들을 바라보는 것은 우리들의 편견일 수 있습니다. 당시의 맥락과 그들의 성향을 가까이 들여다보면 그들의 리더십에서 새롭고도 익숙한 모습을 볼 수 있습니다. 그들의 진면목은 새로울 수 있지만, 그들의 불완전함이 지금의 우리와 별반 다르지 않으니까요. 세 리더의 도전과 성과를 제대로 이해할 때, 우리의 여정에 도움이 될 몇 가지 시사점을 발견할 수 있을 것입니다.

세 사람의 리더십을 자세히 살펴보기 위해서 전기와 평전, 탐험일지와 탐험기, 신문기사 등을 참고할 예정입니다.

그들의 탐험은 개인의 도전이 아니라 국가 간 경쟁이었고, 여러 기관과 후원자들의 지원으로 진행되었습니다. 탐험의 목적에 여러 이해관계자들의 니즈가 반영되었고, 리더들은 이해관계자들을 만족시킬 책임이 컸습니다. 여러 자료를 종합적으로 살펴보면, 당시의 시대 배경과 맥락 속에서 탐험의 목적이 구체적으로 무엇이었는지, 그들이 당면한 상황을 어떻게 바라보았는지 알 수 있을 것입니다.

남극 탐험은 혹독한 환경에 도전하는 것이기 때문에 세 리더의 성격을 파악하는 것도 중요합니다. 오랜 시련과 역경 속에서 리더들의 본 모습이 드러나고, 세 리더의 성격과 행동은 탐험대의 분위기와 조직 문화에 큰 영향을 미쳤을 것입니다. 세 리더의 성격은 일반적으로 성격 검사에 활용되는 BIG5(개방성, 성실성, 외향성, 우호성, 정서성)를 기준으로 살펴보겠습니다.

성격은 유전적인 영향과 생애 초기 경험으로부터 형성되어 평생 지속하는 경향이 있습니다. 나이가 들면서 혹은 특정한 경험으로 인해 성격이 변하기도 하는데, 세 리더가 탐험을 하던 기간에 초점을 맞추어서 세 리더의 성격 특성을 살펴보겠습니다.

다음으로 살펴볼 내용은 세 사람의 리더십에 대한 평가입니다. 대원들은 탐험 기간에 리더들과 일상과 탐험을 함께 하면서 겪은 일들을 생생하게 전달하기 때문에 그들의 리더십을 파악하는 데 큰 도움이 될 것입니다. 또한 평전에 담겨 있는 저자나 당시 주요 인물들의 평가도 주요 참고 자료로 활용하겠습니다.

세 리더의 맥락과 성향, 리더십을 입체적으로 살펴본 후, 그들의 리더십을 오늘날 리더들의 몇몇 사례와도 견주어서 살펴볼 예정입니다. 과거와 현재의 리더십을 비교해서 살펴보면, 불확실한 환경에서 리더가 무엇을 보거나 보지 못하는지, 무엇을 하거나 하지 않는지 자세히 알 수 있을 것입니다.

이제 주요 등장인물을 소개하겠습니다.

남극 탐험에는 마크햄과 난센, 두 명의 원로가 등장합니다. 영국을 대표하는 인물은 마크햄입니다. 그는 영국 왕립지리학회장을 역임하면서, 영국의 19세기 말부터 20세기 초에 진행된 남극 탐험을 기획했고, 스콧을 탐험대 리더로 발탁하는 등 큰 영향력을 미쳤습니다. 그는 최초 남극점 도달의 업적보다는 남극에 관한 탐사와 연구를 더 중시하였습니다.

난센은 노르웨이의 탐험가이자 외교관으로 전 세계 탐험가들에게 영감과 영향을 주었습니다. 난센은 극지 탐험의 경험이 많았기 때문에 남극과 북극 탐험을 준비하는 사람들은 대부분 그를 찾아가 실질적인 조언을 구했습니다.

스콧은 영국 해군의 장교로 근무하다가 마크햄의 도움으로 탐험대 리더가 됩니다. 남극 탐험을 준비하면서 마크햄 뿐만 아니라 난센으로부터 여러 가지 조언을 듣는데, 마크햄과 난센은 경험과 관점이 달랐고, 극지 탐험에 관한 접근 방식도 크게 달랐습니다. 스콧은 과연 두 사람 중에 누구의 말을 귀담아들었을까요?

스콧은 남극에 두 번 가는데, 두 번의 탐험에 모두 참여했던 대원은 윌슨, 에반스, 레실리, 톰 크린 등입니다. 윌슨과 에반스는 마지막 탐험에서 스콧과 죽음을 같이 했고, 톰 크린은 스콧의 남극점 탐험이 끝난 후에 섀클턴의 남극 횡단 탐험에도 참여하였습니다.

섀클턴은 영국 출신으로 스콧의 탐험에 항해사로 참여했다가 극점 탐험에도 동참합니다. 그렇게 남극을 다녀온 후에 스스로 후원자를 모집하여 남극 탐험에 세 번 더 나섭니다. 섀클턴은 여러 사람으로부터 남극 탐험에 관한 조언을 듣는데, 난센, 프레데릭 잭슨, 심지어 아문센도 찾아갑니다. 그 결과, 그가 남극 탐험에 사용했던 방법은 여러 사람의 조언을 두루 활용한 하이브리드 방식이었습니다. 좋게 얘기하면 혼용이고, 달리 얘기하면 혼잡이라고 할 수 있을 정도였죠. 섀클턴의 남극 탐험에 참여했던 탐험대원 중에 와일드는 네 번의 탐험을 같이했고, 조이스와 매킨토시는 세 번 동행했습니다.

아문센은 노르웨이 사람으로 극지 탐험의 전문가입니다. 어렸을 때부터 극지 탐험에 관심과 노력을 기울였고, 난센으로부터 여러 가지 도움을 받았습니다. 원래 북극점 도달을 목표로 했지만, 나중에 남극점 도달로 목표를 수정하면서 영국 탐험대 리더인 스콧, 섀클턴과 얽히게 됩니다.

스콧, 섀클턴, 아문센. 이 세 사람은 같은 시대를 살면서 남극 탐험을 둘러싼 협력과 경쟁, 존경과 시기, 벤치마킹과 비난 등 흥미로운 관계를 연출합니다. 그들의 복잡한 속사정을 앞으로 자세히 살펴보겠습니다.

마크햄
(1830-1916)
영국인, 해군, 탐험가
지리학자
-
왕립지리학회 회장 역임
영국의 남극 탐험 연출가

난센
(1851-1930)
노르웨이인, 탐험가
과학자, 외교관
-
극지탐험의 전설

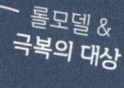

썰매 개가
참...좋은데...

롤모델 &
극복의 대상

프람호
빌려줌

탐험대 리더로
스콧 발탁
사람이 썰매를
끌도록 독려

썰매 개 쓰라는
조언을 개무시

아문센
(1872-1925)
노르웨이인, 극지탐험가
-
북극대신 남극에서 성공한
완벽주의자

스콧의 선원들

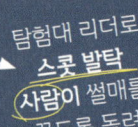

스콧
(1868-1912)
영국인, 해군 장교
-
남극에 간 군인
권위적인 리더

숙명의 대결

윌슨
(1872-1912)
영국인, 내과의사
스콧의 오른팔
-
디스커버리호,
테라노바호 극점팀

에반스
(1876-1912)
영국인, 해군
-
디스커버리호 지원팀
테라노바호 극점팀

레실리
(1867-1940)
영국인, 해군
-
디스커버리호,
테라노바호 지원팀

톰크린
(1877-1938)
아일랜드 출신 해군
-
디스커버리호,
테라노바호 지원팀
인듀어런스호 참여

북극탐험 도중
우연히 난센 구조

프레데릭 잭슨
(1860-1938)
영국인, 탐험가
-
북극지도 제작

개 대신 말 이용하는
아이디어 활용

샤클턴의 선원들

존경
(무모한 도전,
놀라운 성과)

샤클턴
(1874-1922)
아일랜드 출신 항해사
-
남극의 시인
인간적인 리더

적대적 라이벌
상호 벤치마킹

와일드
(1873-1939)
영국인, 탐험가
샤클턴의 오른팔
-
디스커버리호, 님로드호
인듀어런스호, 퀘스트호

인듀어런스호
참여

조이스
(1875-1940)
영국인, 탐험가
-
디스커버리호
님로드호, 오로라호

매킨토시
(1879-1916)
영국인, 탐험가
-
디스커버리호,
님로드호, 오로라호

목차

Chapter 01. 남극 탐험가들의 리더십

남극 탐험가들과의 인연 16

특명, 남극 대륙을 찾아라!
(1774년~1900년 남극 탐험의 역사) 30

스콧 & 섀클턴의 첫 도전: 용기 Yes! 지혜 No!
(1901년~1904년 디스커버리호 탐험) 38

섀클턴의 재도전: 새로운 길 개척
(1907년~1909년 님로드호 탐험) 72

아문센이 스콧의 단독 도전에 몰래 끼어들다
(1910년~1912년 테라노바호 탐험) 86

섀클턴의 세 번째 도전: 실패한 탐험, 위대한 리더십
(1914년~1916년 인듀어런스호 탐험) 106

세 사람의 리더십 스타일과 시사점 114

Chapter 02. 불확실성 시대의 리더십

변화와 속도의 경쟁 124
   01. 탐험대 조직 관리
   02. 탐험대의 마인드셋
   03. 탐험대의 문제해결 스킬
   04. 초점을 찾아라!!!

불확실성 시대의 리더십 166

CHAPTER. 01
남극 탐험가들의 리더십

남극 탐험가들과의 인연

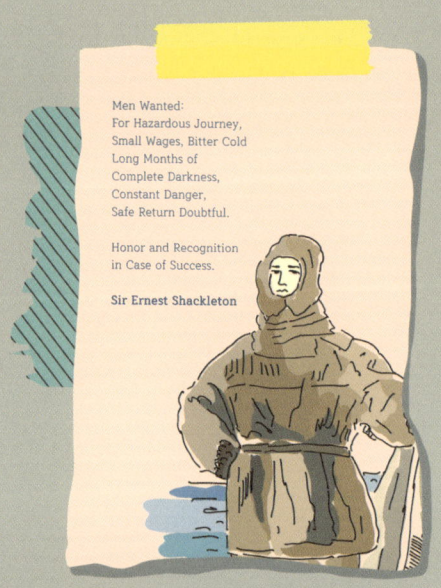

Men Wanted:
For Hazardous Journey,
Small Wages, Bitter Cold
Long Months of
Complete Darkness,
Constant Danger,
Safe Return Doubtful.

Honor and Recognition
in Case of Success.

Sir Ernest Shackleton

어니스트 섀클턴.

그에게는 지도가 없었습니다. 아무도 가보지 않은 길을 처음 가는 것이었으니까요. 이제 그가 내딛는 발걸음마다 새로운 길이 만들어지는 중입니다. 어디로 가야 할 지 이정표가 없는 곳에서 그는 계속 방향을 정해야 했고, 그 방향이 옳은지는 직접 가보는 수밖에 없었습니다. 그가 내딛는 걸음들이 그의 뒤를 따르는 사람들에게는 길이 될 테지요.

섀클턴을 처음 알게 된 것은 2003년 겨울입니다. 제가 다니던 회사는 IMF의 충격에서 회복한 후, 대졸 신입 사원을 뽑기 위해 주요 대학에 취업 부스를 차렸습니다. 저는 모교에 가서 취업 준비생들에게 우리 회사의 장점을 소개하며 입사 지원을 권유했습니다. 하지만 중견기업의 강점을 어필하기가 쉽지 않았습니다. 대기업과 비교해서 급여나 복리후생이 좋지 않았고, 인지도도 낮아서 찾아오는 사람이 많지 않더군요. 학생들을 기다리며 여기저기 두리번거리다가 홍보팀이 게시해 둔 채용 포스터에 눈길이 갔습니다. 포스터에는 돛이 달린 배 한 척과 한 남자의 사진이 있었는데, 이런 글귀가 있었습니다.

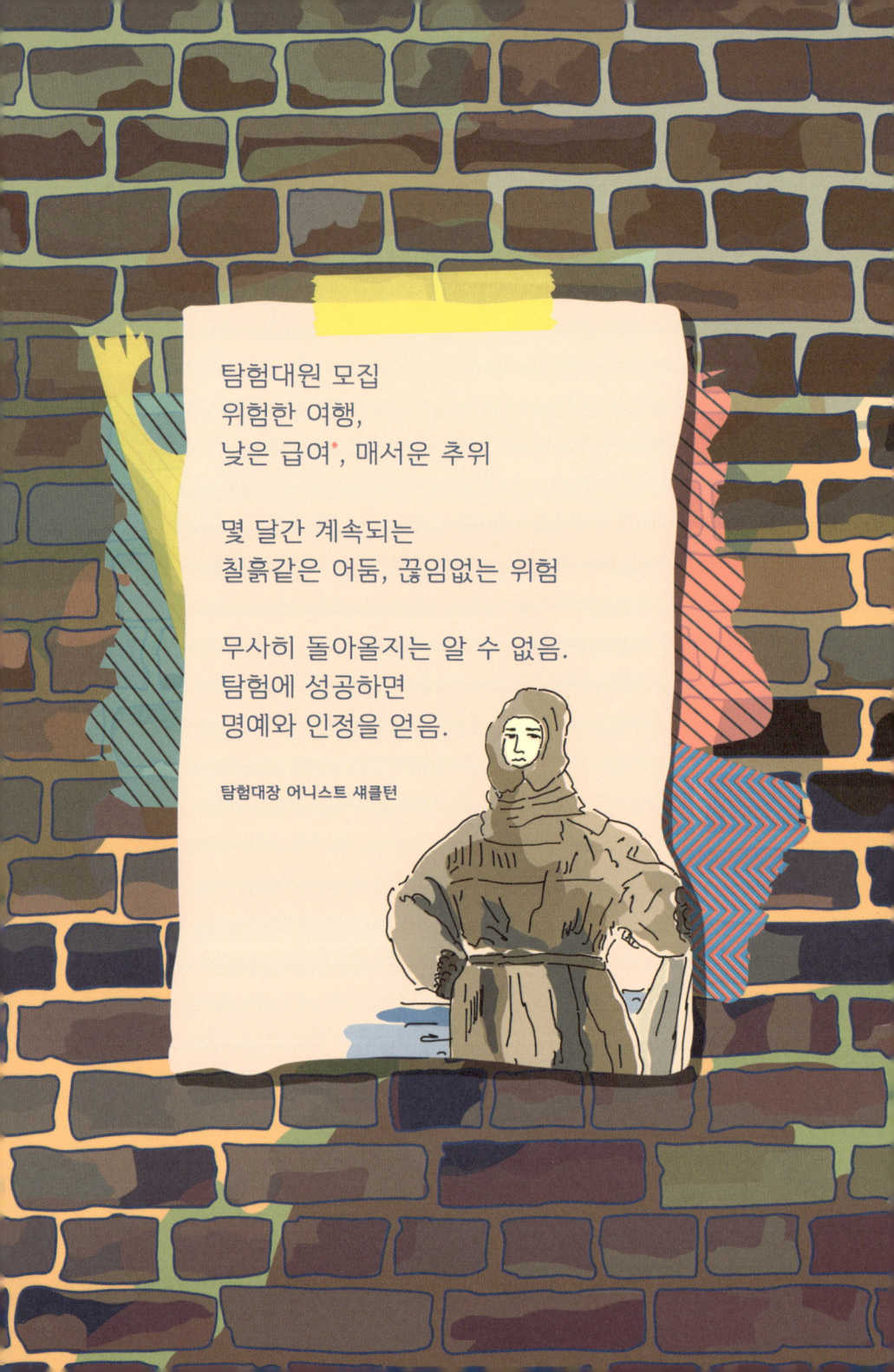

겉치장 없이 날 것 그대로 보여주는 모집 내용이 신선했습니다. 문득 수년 전, 저에게 입사를 권유했던 대학 선배이자 직장 상사였던 분의 말이 생각났습니다.

'우리 회사에서 내가 담당한 신규 사업은 마치 맨땅에 헤딩하는 것과 같아. 어려움이 많지만 그만큼 성취감도 클 거야. 나와 같이 일해 볼래?'

저는 '**맨땅에 헤딩한다**'라는 말을 들으며 왠지 '**재미있겠다**'는 생각이 들었습니다. 그리고 다음 날 면접을 보러 갔고, 며칠 후 입사를 했습니다. 그 후 신규 사업부에서 겪었던 것은 정말 맨땅에 헤딩하는 것이었습니다. 신규 사업이 기존에 오랫동안 해 오던 주력 사업과 무척 달라서 시행착오가 많았고, 예산과 사람은 늘 부족했기 때문입니다. 더구나 사업을 런칭한 그해 말에는 IMF라는 엄청난 충격이 한국을 덮쳤습니다. 업계 전체가 IMF 쓰나미에 휩쓸렸고, 아직 자리를 잡지 못했던 우리 회사의 신규 사업도 뿌리째 흔들렸죠. 여러 메이저 업체들이 매출 감소와 수익성 악화로 법정관리에 들어가거나 쓰러졌고, 간신히 버티던 업체들은 허리띠를 바짝 졸라맸습니다. 제가 다니던 회사 역시 큰 어려움을 겪었고, 신규 사업부는 낯선 시장 환경에서 비즈니스 모델을 거의 바꾸다시피 했습니다. 일하는 방법도 전사적인 경영혁신 프로젝트를 추진하며 새롭게 바꾸었습니다. 비 온 뒤에 땅이 굳어지는 것처럼 전혀 예상하지 못했던 위기는 점차 사업의 경쟁력을 단단하게 다지는 전화위복의 기회가 되었습니다. 경제가 조금씩 회복되면서, 회사는 수익성 있는 성장을 해 나갔습니다. 위기에는 위험과 기회가 모두 있다는 것을 온몸으로 경험했던 시절이었죠.

---

* 톰 크린은 1901년 디스커버리호 탐험에서 월급으로 2.28파운드를 받았고, 1910년 테라노바호 탐험에서는 3파운드(현재 물가로 255파운드, 환율 1500원 기준시 약 382,500원)를 받았다.

당시 신규 사업부의 기획팀장은 해당 사업을 해 본 적이 경력 없는 입사자였습니다. 관련 경험이 없는데 어떻게 입사했는지 여쭤보니, 최고 경영자가 '**경험이 없는 사람에게 신규 사업을 맡겨야 새로운 관점에서 사업을 바라볼 수 있다**'고 생각했답니다. 과거의 노하우보다는 잠재력이 있는 사람을 외부에서 찾은 거였죠. 이것은 신규 사업을 시작할 때뿐만 아니라, 사업이 낯선 환경에서 어려움을 겪을 때 더욱 진가를 발휘했습니다. 사업이 애초 계획대로 되지 않을 때, 주저 없이 계획을 다시 세울 수 있었으니까요. 반대로, 기존 방식에 대해서 자기 확신이 강한 사람은 예상하지 못한 일이 발생해도 초기 계획에 매달리는 경향이 있습니다. 상황이 달라져서 계획과 다른 여러 증거가 나타나도 처음의 계획이나 자신의 판단이 옳다고 믿으며 변경하지 않으려고 하는 것이죠.

전사 경영혁신 프로젝트를 이끌었던 임원(CIO)도 해당 사업의 경험이 없는 외부 전문가였습니다. 회사 내부의 베테랑들은 주력 사업을 지금까지 성장시켜온 주역이라서 기존의 패러다임을 당연시할 가능성이 높습니다. 기존의 성공 방식을 반복하는 것은 마치 자기 발밑을 파는 것처럼 스스로를 깊은 구덩이에 가두는 경우가 많습니다. 바깥세상의 변화를 감지하는 것이 더디고, 새로운 지식과 기술을 학습할 기회로부터 멀어지기 쉽습니다. 새 술을 새 부대에 담아야 하는 것처럼, 사업을 보는 관점과 일하는 방법을 혁신하는 것은 외부 전문가에게 더 적합할 수 있는 것이죠. 새로 영입된 CIO는 몇 달 후 변화의 청사진을 프로젝트팀에 제시했습니다. 내부 베테랑으로 구성된 프로젝트팀은 그 청사진이 실현하기 어렵다고 생각했습니다. 하지만, 점차 프로젝트팀원들도 혁신의 관점과 방법에 적응했고, CIO와 함께 혁신의 의지를 다지며, 회사의 변화에 정성을 기울였습니다.

저는 IMF라는 환경의 큰 변화 속에서 신규 사업과 일하는 방법의 변화를 연거푸 겪으면서, 사람마다 변화의 어려움이 다르다는 것을 알게 되었습니다. 베테랑일수록 기존의 관점과 방식을 벗어나는 것이 힘겨워 보였습니다. 일부는 변화에 동참했지만, 일부는 저항했고, 일부는 방관했습니다. 그러나 초보자들은 새로운 변화를 학습과 성장의 기회로 받아들였습니다. 회사에 불만이 많았던 사람들은 변화를 문제 해결의 기회로 보더군요. 변화의 과정에서 사람마다 반응이 다른 이유를 이해한 것은 한참 뒤의 얘기입니다.

섀클턴의 대원 모집 광고를 보면서, 수년간 겪었던 제 경험을 돌아보았고, 저런 대담한 광고를 한 사람은 과연 어떤 리더인지, 탐험에 참여한 대원들은 어떤 사람들인지 궁금했습니다. 섀클턴을 검색해보니, 그가 탐험 과정에서 기록했던 일지가 책으로 나와 있더군요. '**어니스트 섀클턴 자서전, SOUTH**'라는 책이었습니다.

섀클턴의 탐험과 역경은 정말 놀라웠습니다. 남극을 횡단하려던 그는 남극 대륙에 가지 못하고, 27명의 대원과 함께 얼음덩어리에 갇혔습니다. 심지어 배는 깊은 바닷속으로 가라앉아 버렸죠. 남극 횡단은 물 건너갔고, 살아서 돌아가는 것만이 유일한 목표가 되었습니다. 섀클턴과 대원들은 남극 부근의 어느 섬에서 추위와 굶주림을 견디며 죽을 고생을 하다가 근 2년 만에 겨우 살아 돌아옵니다. 섀클턴의 리더십이 아니었다면 불가능한 일을 해낸 것입니다. 사람들은 섀클턴을 '실패한 탐험가, 그러나 위대한 리더'라고 부르며 칭송했고, 그의 대원들은 탐험에 성공하지 못했지만, 명예와 인정을 얻었습니다.

섀클턴의 탐험일지를 읽고 나서 그와 관련된 책들을 더 찾아보았습니다. '**인듀어런스**'는 섀클턴이 탐험에 나설 때 타고 갔던 배 이름을 딴 책인데, 당시 탐험 과정에서 찍었던 사진 자료들을 담고 있습니다. 탐험 초기에 대원들은 늠름한 모습이지만, 시간이 갈수록 마치 노숙자처럼 변해갑니다. 급기야 썰매 개 대신 사람들이 직접 썰매를 끌고 가더군요. 나중에 알게 된 사실이지만, 그들은 애초에 썰매 개를 제대로 다루지 못해서 썰매 개 대신에 직접 썰매를 끄는 경우가 많았습니다. 그런 와중에도 대원들은 항상 환하게 웃고 있었습니다. 섀클턴이나 대원들 모두 얼마나 대단한 사람들인지 흐릿한 흑백 사진을 통해서도 느낄 수 있었습니다.

섀클턴의 리더십을 다룬 책도 몇 권 읽었습니다. 대개의 책이 섀클턴을 불굴의 의지와 긍정적 사고로 역경을 극복한 리더십의 본보기로 삼더군요. 그 후 십수 년이 흘렀습니다. 저는 직장에서 혁신 업무를 하다가 전략 컨설팅 회사로 옮겼고, 얼마 후에는 인사 컨설팅 회사로 갔습니다. 혁신과 전략, 그리고 인사는 세부 초점은 다르지만 변화를 계획하고 추진하는 것은 공통점입니다. 그런데, 변화의 과정에서 가장 힘들었던 것은 기존 방식에 익숙한 리더들의 저항이었습니다. 많은 리더가 변화의 필요성은 동의했지만, 막상 변화를 실행하는 것은 반대하거나 소홀했습니다.

'우리는 그들과 다르다, 지금은 아직 때가 아니다, 나는 너무 바쁘다.' 등등

과거의 성공을 만들어냈던 리더들이 미래의 성공을 위한 변화에는 왜 소극적일까요? 과거에 그 리더들에게 충만했던 혁신의 열정은 왜 식은 걸까요? 리더가 변화에 헌신하지 않는다면 조직의 변화는 동력을 잃기 때문에 리더의 변화를 효과적으로 도울 방법을 찾아야 했습니다. 그런데, 전략 컨설팅 회사와 인사 컨설팅 회사에서 효과적인 변화관리 방법은 배울 수 없었습니다. 여러 가지 방법을 모색하다가 상담심리에 관심이 갔습니다. 사람들의 변화를 돕는 상담심리의 원리와 기법들이 리더의 변화를 돕는 일에 도움이 될 수 있다고 생각했던 것이죠. 컨설팅 일을 하면서 석사 과정에서 상담심리를 공부했고, 이것을 조직의 변화에 접목하고자 박사 과정에서 조직심리를 공부했습니다. 컨설팅과 학습을 병행하는 동안에도 세상의 변화는 크고 잦았습니다.

2009년에 발생한 금융위기는 장기간의 저성장으로 이어졌습니다. 디지털 트랜스포메이션이 4차 산업혁명이라는 이름으로 새로운 위험과 기회를 만들어냈습니다. 2020년 코로나 팬데믹은 전혀 예상하지 못했던 변화를 몰고 왔고, 그해 세계 경제 포럼의 주제는 'Great Reset'이었습니다.

리셋이 갑작스러운 단절이라는 점을 고려하면, 지난 십여 년의 환경 변화가 기업에 미치는 영향은 엄청났을 것입니다. 전략 컨설팅 회사 이노사이트(Innosight)의 2018년 자료에 따르면 S&P 500 리스트 기업들의 지수 재임 기간은 1964년에 33년이었으나 2016년에 24년으로 줄어들었고, 2027년에는 12년으로 줄어들 것으로 예측했습니다. 코로나 팬데믹은 그 기간을 더욱 단축할 테죠.

대표적인 예가 바로 GE입니다. 우리나라의 여러 기업이 IMF 이후에 열광했던 것은 글로벌 스탠다드와 베스트 프랙티스였고, 벤치마킹의 주요 타깃은 당시 GE를 이끌었던 잭웰치의 리더십이었습니다.

GE의 7대 CEO인 레지널드 렉 존스는 1974년에 CEO 승계 프로그램을 만들었습니다. 그는 줄곧 문어발 확장을 하다가 70년대 오일 쇼크로 충격을 받자, CEO 승계의 중요성을 절감했습니다. 처음에 19명의 후보가 선발되었고 1979년에 최종 후보로 잭 웰치가 선정되었습니다.

잭 웰치는 GE에 1960년에 입사했고 1981년에 45세의 나이로 GE의 8대 CEO가 되었습니다. 그가 경영하던 시기(1981년~2001년)에 GE는 베스트 프랙티스의 산실이었습니다. 첫 번째가 업무 혁신을 위한 6시그마입니다. 잭 웰치는 모토로라의 6시그마를 도입해서 일하는 방식을 혁신했고 큰 성공을 거두었습니다. 두 번째는 인재 관리를 위한 세션 C와 바이탈 곡선(Vital Curve)입니다. 이것은 직원의 성과를 상위 20%, 중위 70%, 하위 10%로 상대평가를 하고, 차등 보상하는 제도입니다. 상위 등급은 보상과 승진의 혜택이 컸지만, 하위 등급은 해고도 각오해야 했습니다. 세 번째는 GE의 리더십 파이프라인과 '크로톤빌' 연수원입니다. 크로톤빌은 리더 양성의 상징이자 국내의 많은 리더에게 인기 있는 견학 장소였습니다.

잭 웰치의 후임자를 뽑기 위해서 GE 이사회는 7년간의 CEO 승계 절차를 거친 후, 2001년에 최종적으로 이멜트를 선택했습니다. 제프리 이멜트는 GE에 1982년에 입사해 2001년에 45세의 나이로 GE의 9대 CEO가 되었습니다. 그는 16년간 CEO로 활동하면서 잭 웰치로부터 물려받은 사업과 경영 방식을 바꾸었습니다. 회사의 3분의 2를 매각했고, 잭 웰치 회장 시절의 베스트 프랙티스도 버렸습니다. 그는 2012년에 6시그마 후속으로 스타트업의 경영방식을 본뜬 패스트웍스(Fast Works)를 도입했습니다. 스타트업처럼 신속하게 움직이는 것이 주목적이었죠. 2015년 8월에는 상대평가 제도를 폐지했습니다. 동료들 간의 상대평가 때문에 내부 경쟁이 심해지는 부작용을 없애 아이디어 공유나 협업을 강조하기 위해서였습니다.

GE 이사회는 2011년부터 6년간 CEO 승계 프로세스를 운영하며 2017년 8월에 존 플래너리(당시 55세)가 새로운 CEO가 되었습니다. 존 플래너리는 GE에서 30년을 재직했는데, 잭 웰치나 제프리 이멜트와 달리 불과 14개월 만에 CEO 자리를 물러나야 했습니다. 심지어 후임자는 외부인사인 로런스 컬프였습니다. GE가 126년 만에 외부 CEO를 수혈받은 것입니다. 6시그마와 상대평가 뿐만 아니라 리더십 파이프라인도 더는 제 구실을 못하게 된 것이죠.

GE의 리더십 파이프라인이 실패한 것은 저에게 특히 충격적이었습니다. GE의 석세서 제도는 전임자의 방식을 과감하게 폐기하고, 새로운 길을 개척할 신임 CEO를 선발하는 과정입니다. 잭 웰치는 CEO가 되기 전까지 20년 동안 자신이 겪었던 구시대의 여러 문제들을 CEO로 일하는 20년 동안 철저히 바꾸어나갔습니다. 제프리 이멜트는 경영의 신이라 불리던 잭 웰치의 유산을 과감하게 바꾸어 나가며 새로운 성장을 이끌었습니다.

존 플래너리도 제프리 이멜트의 방식에 얽매이지 않고 새로운 길을 개척할 적임자로 선발되었을 테죠. 그런데, 내부 출신인 그가 조기에 강판당하고 외부 CEO가 구원투수로 영입된 것을 보면서, 심한 충격을 받았던 것입니다. GE조차 내부 출신 CEO로 경영을 혁신할 수 없다면 과연 대안은 무엇일까요?

2017년 말에 개봉했던 스타워즈 시리즈 '라스트 제다이'도 리더십의 단절을 담고 있습니다. '라스트 제다이'에서 제국군과 저항군은 양쪽 모두 리더십 파이프라인이 제구실을 못합니다. 제국군의 젊은 후계자 카일로 렌은 자신을 어린애 취급하는 늙은 퍼스트 오더를 죽이고, 악의 지배자가 됩니다. 젊은 장교가 쿠데타를 일으켜서 황제의 자리를 차지한 것입니다. 저항군의 새로운 희망인 레이는 제다이 원로인 루크를 찾아가서 수련을 부탁합니다. 그러나 루크는 제자로 받아들이는 것을 거부하고, 요다는 제다이의 사원과 유물을 불태워버립니다. 이제 레이는 자신의 힘으로 제다이의 길을 걷게 됩니다. 구시대를 상징하는 퍼스트오더와 루크 스카이워커는 그렇게 무대 위에서 사라지고, 미완의 후계자들은 스스로의 힘에 의지하며 새로운 길을 개척해 나갑니다.

리더십 파이프라인이 제 기능을 못하는 것이 GE만의 문제는 아닐 겁니다. 지금은 예측 가능한 시절이 아니라 한 치 앞을 알 수 없는 시대이니까요. 수년간 탁월한 리더를 미리 알아보고 육성하는 것이 무리라면, 새로운 리더가 새로운 무대에서 활약하는 조직을 어떻게 만들 수 있을까요? 새로운 리더가 기존의 관점과 방식에 얽매이지 않고, 낯선 변화에 적합한 관점과 방식을 학습하고 발견하는 것을 돕는 문화는 어떻게 만들 수 있을까요?

남극 탐험을 했던 세 리더에게 다시 관심이 갔습니다. 불확실하고 위험한 탐험에 그들이 어떻게 리더로 선발되었는지, 그들이 리더로서 어떻게 계획했고 대응했는지 살펴보면, 우리에게 필요한 몇 가지 시사점을 얻을 수 있겠다고 생각했습니다.

우선 섀클턴의 일생을 다룬 평전을 읽어보았습니다. 그가 위대한 리더로 존경받기까지 어떤 경험과 성찰을 통해 리더십이 개발되었는지 궁금했거든요. 섀클턴 평전을 읽다 보니 그가 일생동안 네 번이나 남극 탐험에 나섰다는 것을 알게 되었습니다. 그리고 섀클턴과 스콧, 그리고 아문센이 같은 시대를 살았고, 서로 협력과 경쟁을 했던 가깝고도 먼 관계였다는 것도 알게 되었습니다. 아문센과 스콧의 경쟁을 다룬 책을 포함해서 세 리더에 관련된 여러 책을 두루 살펴보면서 몰랐던 사실들을 알아가는 과정은 무척 흥미로웠습니다.

그전까지 제가 세 사람의 리더십에 대해서 알고 있던 지식은 단편적이었습니다. 아문센이 세계 최초로 남극점에 도달했고, 스콧은 경쟁에서 졌고, 섀클턴은 위대한 리더라는 정도였죠. 1953년에 세계 최초로 에베레스트산을 등정한 에드먼드 힐러리 경(Sir Edmund Hillary, 1919년~2008년)은 이렇게 말했습니다.

'과학 탐사를 위해서라면 스콧을, 신속하고 효과적인 여행을 위해서는 아문센을, 그러나 희망이 없는 상황에서 길이 보이지 않는다면 무릎을 꿇고 섀클턴을 보내 달라고 기도하라.'

힐러리가 스콧의 과학 탐사를 치켜세우는 것은 공치사처럼 보였는데, 세 리더를 알아갈수록 힐러리가 말한 의미가 이해되었습니다. 또한 세 리더의 긍정적인 모습뿐만 아니라 부정적인 모습도 점차 눈에 띄더군요.

아문센은 스콧과의 남극 경쟁에서 승리했습니다. 그러나 승리를 얻는 대신 명예를 잃었습니다. 그는 원래 북극에 가겠다고 공언했다가 남몰래 남극으로 방향을 바꾸며 스콧이 단독 출전했던 경기에 갑자기 뛰어들었습니다. 스콧은 과학 탐사와 남극점 도달이라는 철인 2종 경기를 시간 내에 끝내는 도전을 하고 있었는데, 아문센이 끼어들면서 두 팀 간 속도 경쟁이 되었습니다. 아문센이 신기록을 달성하며 경쟁에서 이겼지만, 경기장에 예고 없이 나타난 불청객이었습니다.

스콧은 앞선 탐험에서 섀클턴이 실패했던 방법을 되풀이했고, 아문센과의 경쟁에서 졌습니다. 위험한 환경에서 과학 탐사를 고집한 스콧은 악천후 속에서 대원들과 함께 살아 돌아오지 못했습니다. 경쟁에서 지고, 죽음에 이른 것이 모두 그의 책임으로 보였습니다. 그러나 그가 과학 탐사와 남극점 도달이라는 두 가지 목표를 계획대로 달성했다는 점은 가려져 있었습니다. 경쟁은 애초에 계획에 없었고 죽음은 기상이변이라는 불운함 때문이었습니다. 그에 대한 후대의 평가는 그의 상황을 무시하거나 무지해서 지나치게 저평가하는 경우가 많습니다.

섀클턴은 비록 탐험에 실패했지만, 혹독한 시련을 극복한 위대한 리더로 칭송받았습니다. 그의 리더십이 유명해진 것은 남극 횡단에 나섰다가 2년 만에 구사일생으로 살아 돌아왔기 때문입니다. 그러나 그가 남극을 향해 떠났던 네 차례의 탐험을 자세히 살펴보면 매번 실패할 가능성이 높았습니다. 그의 도전 계획이 애초에 미션 임파서블이었다면, 얼음에 갇히지 않아도 남극 횡단에 실패할 가능성이 높았다면, 그의 리더십에 대한 평가가 너무 과장된 것은 아닐까요?

그가 왜 탐험에 나섰는지, 그리고 왜 실패했는지를 제대로 이해하지 못하고, 그의 불굴의 리더십만 칭송한다면 우리도 그의 실패를 반복할 수 있습니다.

이처럼 세 리더의 상황과 각자의 성향을 자세히 들여다보면 잘 보이지 않던 그들의 이면이 드러납니다. 그들의 한계는 그들이 의식하지 못한 맹점과 경직성 때문이었는데, 흥미로운 점은 그들을 바라보는 현대의 우리들도 맹점과 경직성의 문제가 여전히 있다는 점입니다. 불확실한 환경에서 그들이 보여주었던 리더십을 현재의 리더들도 반복할 가능성이 있는 것이죠. 그러나, 그들이 보지 못한 것을 우리가 볼 수 있다면, 그들이 하지 않은 것을 우리가 한다면, 우리가 새로운 탐험에 성공할 가능성은 올라갈 것입니다.

1774년-1900년 남극 탐험의 역사
특명, 남극 대륙을 찾아라!

당시 남극 탐험에 관한 시대적 배경과 환경을 이해하기 위해 남극 탐험의 역사와 남극 대륙의 특징을 간략하게 훑어보겠습니다.

남극 대륙의 직경은 4,506km, 면적은 1,400만km²로 중국과 인도를 합쳐 놓은 크기이며, 한반도의 60배 넓이입니다. 남극은 남극해(Southern Ocean)에 의해 문명 세계와 단절되어 있는데, 남미 대륙까지는 약 965km, 호주와는 2,414km 떨어져 있습니다. 영국 런던에서 남극점(South Pole)까지는 15,724km 거리입니다.

남극 대륙은 지구상에서 가장 추운 날씨여서 대륙 주변에 펭귄과 바다표범 그리고 일부 조류와 이끼류가 있을 뿐, 대륙 안으로 들어갈수록 생물은 거의 존재하지 않습니다. 따라서 남극 탐험에 필요한 음식과 장비는 대부분 미리 준비해서 가져가야 합니다. 여름에는 내륙의 기온이 영하 25도에서 영하 40도 정도이고, 겨울에는 영하 40도에서 영하 70도 정도로 내려갑니다. 한마디로 살인적인 추위입니다. 여기에 눈보라가 거세게 몰아치면 한 치 앞을 내다볼 수 없고, 텐트에 갇혀서 오도 가도 못하게 됩니다.

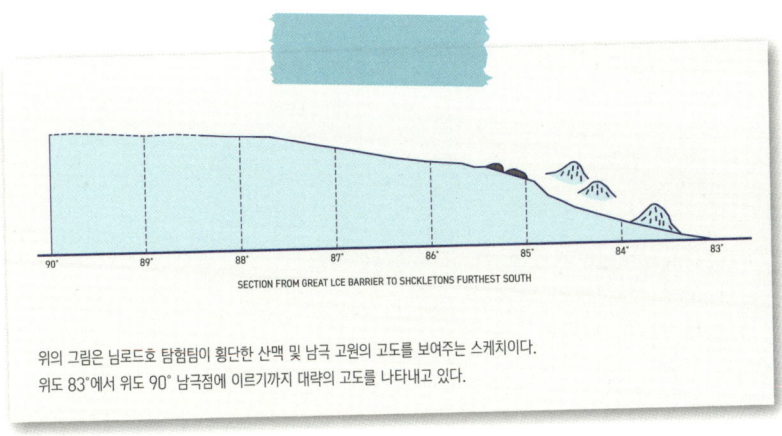

위의 그림은 님로드호 탐험팀이 횡단한 산맥 및 남극 고원의 고도를 보여주는 스케치이다. 위도 83°에서 위도 90° 남극점에 이르기까지 대략의 고도를 나타내고 있다.

남극 대륙은 대부분이 얼음으로 덮여 있는데, 얼음에 관한 몇 가지 용어를 구분하면 남극 대륙의 지형을 이해하는 데 도움이 됩니다. 빙하(glacier)는 육지에 눈이 쌓여 만들어진 얼음층입니다. 빙하 중에서 주변 영토를 50,000km² 이상 덮은 빙하를 빙상(ice sheet)이라고 부릅니다. 한반도 면적의 4분의 1에 해당하는 면적입니다. 빙붕(ice shelf)은 빙하가 해변에서 바다로 뻗어나가 생긴 육지입니다. 마치 발코니가 거실과 연결되어 있지만 공중에 떠 있는 것처럼, 빙붕은 발을 디딜 수 있지만 흙 위가 아니라 바다에 떠 있는 얼음 지역입니다.

빙붕은 육지에 거의 일정한 모양으로 붙어있고 큰 변화가 없기 때문에 남극대륙의 면적을 계산할 때 포함됩니다. 빙붕은 빙하의 흐름에 따라 매년 조금씩 자라나는데 빙붕의 끝단이 조금 깨져서 바다를 떠도는 것을 빙산(iceberg)이라고 합니다. 빙산과 달리 부빙(sea ice)은 바닷물이 얼어서 생겨난 것입니다.

남극 탐험에서 자주 등장하는 지역은 남극 대륙의 해안에 있는 로스 빙붕, 3,000m 높이의 경사면을 이루고 있는 비어드모어 빙하, 그리고 남극 고원입니다. 예를 들어, 스콧은 로스 빙붕 끝 자락에 있는 로스섬에 베이스캠프를 설치한 다음, 여름이 되어 기온이 풀렸을 때 남극점을 향해 떠났습니다. 로스 빙붕 640km, 비어드모어 빙하 193km, 남극 고원 563km를 갔다가 남극점에 깃발을 꽂은 다음 다시 돌아오는 여정이었습니다. 편도 약 1,400km인데, 서울에서 부산까지 2번 왕복하는 것보다 더 먼 거리입니다.

그러나 남극에 대해서 이렇게 알아가는 과정은 오랜 시간이 걸렸습니다. 남극 탐험의 역사는 18세기 후반으로 거슬러 갑니다.

대항해시대가 저물어 가던 18세기 후반, 영국 해군의 제임스 쿡은 남방 대륙을 찾아 두 차례 항해를 떠났고, 남위 71° 10분까지 접근했습니다. 남극 대륙을 보지 못했지만 남극 대륙에서 120km 근처까지 항해했습니다. 그는 1774년에 남미 대륙 최남단 동쪽에 있는 '사우스 조지아섬'을 처음 발견했는데, 이 섬은 그 후 남극권 탐험의 전진 기지 역할을 합니다. 쿡은 장거리 항해를 하면서 절인 양배추와 신선한 야채로 괴혈병을 예방합니다. 그는 당시 괴혈병의 원인을 몰랐던 상황에서 괴혈병 예방에 기여한 공로로 왕립 학회에서 메달을 받았습니다.

1820년 1월 27일에 남극 대륙을 처음 발견한 사람은 러시아의 벨링스하우젠입니다. 그는 두 척의 배를 이끌고 남극반도 서쪽을 탐험하여 알렉산더섬(러시아 황제 알렉산도르 1세의 이름을 땀)을 발견하는데, 얼음으로 둘러싸인 육지에 대한 목격담을 기록합니다. 그리고 약 3일 후 영국의 탐험대 역시 남극대륙을 목격하는데, 최초 발견의 영예는 간발의 차이로 러시아에 돌아갔습니다. 옆의 그림에서 위도 66° 부근에 남극권(Antarctic Circle)이라는 점선이 있는데, 남극대륙 대부분이 이 안에 들어갑니다. 왼쪽 상단의 길게 돌출된 그레이엄 랜드는 남극 대륙의 최북단으로 남미 대륙과 가까운데, 발견자의 이름을 따서 이 부근을 웨들해와 벨링스하우젠 해라고 부릅니다.

1841년에 영국 해군의 제임스 로스는 남극 대륙을 둘러싼 빙하를 뚫고, 배로 갈 수 있는 지구의 최남단인 로스 빙붕을 발견합니다. 그는 자남극* 관측을 위해 항해를 떠났다가 거대한 빙붕을 발견했는데, 처음에는 '로스 빙벽'이라 불렸습니다. 내륙을 탐험하지 않은 상태에서 해안선을 따라 거대한 얼음 절벽이 끝없이 이어지는 것만 목격했기 때문입니다. 그는 1842년에 남위 78° 10분까지 접근했습니다. 로스 빙붕은 후일 아문센과 스콧, 그리고 섀클턴이 남극점을 향한 치열한 경쟁을 할 때, 출발 무대가 됩니다.

1895년 1월 24일, 노르웨이의 보르츠크레빈크는 남극 대륙에 증기선 남극호를 타고 가서 아데어 곶에 상륙합니다. 남극 대륙에 최초로 상륙한 것이죠. 그해 런던에서 열린 제6차 국제 지리학 대회에서는 '다음 세기 전까지 남극 탐험을 한다'는 결의문이 채택됩니다.

1898년 벨기에 탐험가 게르라체(Adrien de Gerlache)는 벨지카호를 타고 남극 탐험에 나섰는데, 벨링스하우젠 해에서 부빙에 갇힙니다. 이 배에는 노르웨이의 아문센(당시 26살)이 2등 항해사로 타고 있었고, (최초의 북극점 도달을 놓고 로버트 피어리와 다툼을 벌인) 미국인 프레드릭 쿡도 타고 있었습니다.

---

* 지리상의 남극점은 남위 90°이고, 나침반 바늘이 수직으로 서는 지점을 자남극점이라고 한다. 지구 자기장의 변화 때문에 자남극점은 매년 이동한다. 자남극점은 섀클턴이 이끈 인듀어런스 탐험대 대원이었던 데이비드 에지워스 등이 1909년 1월 16일에 최초로 도달했다.

그들은 13개월 동안 남극 바다에서 부빙에 갇힌 채 표류하며 겨울을 보냅니다. 남극의 겨울은 4개월간 태양이 완전히 사라지고 밤만 계속되는데, 이들은 남극 대륙 근처에서 겨울을 보낸 첫 번째 탐험대였습니다. 하지만 정신적, 육체적 후유증이 매우 커서 대원 한 명이 목숨을 잃었고, 두 명은 정신 이상 증세를 보였다고 합니다.

앞의 그림은 19세기 말까지 남극 탐험대들이 탐사한 해안선, 탐사 날짜와 장소, 그리고 1900년까지 남극에 대해 알려진 사실을 보여주는 지도입니다. 이 지도는 로버트 스콧의 '디스커버리호 항해기'에 실려 있습니다. 이 지도에서 알 수 있듯이 19세기 말에 남극 대륙의 극히 일부를 제외하고 남극 대륙의 대부분은 아무도 가보지 않은 미지의 영토였기 때문에 커다란 공백으로 표시되어 있습니다. 20세기에 들어서자 유럽 각국의 남극 탐험은 활발해집니다.

1900년에 노르웨이 출신 보르츠크레빈크는 서던 크로스호를 타고 다시 탐험을 떠나는데, 로스 빙붕 지역에서 배를 댈 수 있는 만을 발견했습니다. 그는 상륙 지점을 '**보르츠크레빈크만**'이라고 이름을 붙였지만 나중에 섀클턴이 이름 지은 '**웨일즈만**'이 공식 명칭이 됩니다. 그는 남극 대륙에 썰매 개를 처음 데리고 갔는데, 개 썰매를 타고 남위 78° 50분까지 탐험을 했습니다. 1901년에는 영국, 스웨덴, 독일이 남극 탐험대를 보냈습니다. 과학 탐사와 지리적 발견을 국제적인 공조가 이루어진 것이죠. 영국의 탐험대는 로스 빙붕으로 갔고, 스웨덴 탐험대는 남극반도로 향했고, 독일 탐험대는 자남극점(Magnetic South pole) 부근으로 향했습니다.

남극을 향했던 여러 탐험 중에서 이 책에서 살펴볼 내용은 스콧, 섀클턴, 아문센 세 리더의 탐험입니다. 탐험의 순서에 따라서 먼저 스콧의 디스커버리호 탐험을 살펴보겠습니다.

1901년-1904년 디스커버리호 탐험
스콧 & 섀클턴의 첫 도전:
용기 Yes! 지혜 No!

19세기 말, 영국 정부의 주도하에 남극 탐험이 본격적으로 추진되었습니다. 역사적으로 영국의 극지 탐험은 해군의 몫이었고, 실질적으로 남극 탐험을 기획했던 사람은 왕립지리학회 회장 클레멘츠 마크햄입니다. 그는 극지 탐험을 통해 과학 탐사뿐만 아니라 국민의 정신을 새롭게 하고, 젊은 해군 장교들을 강인하게 양성할 수 있다고 생각했습니다.

영국 해군 장교 로버트 팰콘 스콧(Robert Falcon Scott, 1868년~1912년)은 1899년 6월에 클레멘츠 마크햄(1830년~1916년)을 만나서 자신에게 탐험대 대장을 맡겨 달라고 강하게 요청했고 1년 후에 정식으로 탐험대 대장이 되었습니다. 그리고 1901년에 남극 대륙을 향해 출발합니다. 마크햄은 왜 극지 경험이 없는 젊은 장교를 탐험대 리더로 임명했을까요? 스콧은 탐험대 리더가 되기 위해, 그리고 리더의 역할과 책임을 위해 어떤 준비를 했을까요?

다윈의 진화론이 발표되자, 영국의 왕립지리학회원이던 프랜시스 골턴은 고종사촌 형인 찰스 다윈의 진화론을 우생학으로 발전시켰습니다. 그가 주장한 우생학은 영국 학계와 전문가 집단 내에서 힘을 얻었습니다. 마크햄도 과거에는 나이 많은 북극 전문가들을 편애했지만, 이제는 정신과 육체가 우수한 젊은 인재를 선호했습니다. 그는 '예전에 극지탐험의 지휘관을 선발하는데 저지른 치명적인 실수는 젊음보다는 경험을 우선했다는 것이다. 젊은 리더에게 책임을 맡겨야 새로운 생각과 입장이 가능해진다.'*고 주장했습니다.

스콧이 33살의 젊은 나이로 탐험대 리더로 임명되자, 타임스는 1900년 5월 29일에 이렇게 보도합니다.

---

* 타임스는 1875년 영국의 북극 탐험대가 준비하는 상황에 대해서 이렇게 논평했다. '북극 탐험대가 있을 수 있는 모든 위험을 대비해 이처럼 완벽하게 준비한 적은 없었다. 네어스 선장의 지휘 아래 탐험을 성공적으로 이끌기 위해, 기술, 돈, 통찰력으로 할 수 있는 모든 것을 갖추었다.' 자료 출처는 에드워드 라슨, '얼음의 제국', 임종기 옮김, 에이도스, p. 187

남극 탐험의 동물학대 이대로 지켜볼 것인가?

남극 탐험에 꼭 필요하다고 말하는 개 썰매... 동물학대로 볼수 있을까?

Read the full story >

디스커버리호 선원 특별 분석! 그들은 누구인가?

남극 탐험 인물 특집 그들은 누구인가?

Read the full story >

스콧은 극지방 탐험에 있어 절대적으로 필요한 자격인 젊음을 갖추고 있다.

남극 탐험을 위해 영국에서 출발하는 디스커버리호의 탐험 대장으로 스콧(33세)이 선출 되었다.

Read the full story >

'이제 우리의 북극 탐험대 장교들은 모두 노인이 되었다. 젊음은 필수 요건이니, 실제 극지 경험이 없는 인물을 선택할 수밖에 없다. 하지만 극지 경험이 없다는 점은 사소한 문제이다. 유능한 젊은 장교라면 곧 자신이 해 온 일과 앞으로 해야 할 일에 익숙해질 것이다. 스콧 대위는 의심의 여지 없이 자신에게 주어진 절호의 기회를 최대한 활용할 것이다.'*

롤랜드 헌트포드는 이 기사가 극지방 탐험 경험이 없는 사람을 리더로 임명한 것을 비꼬는 것이라고 해석합니다.** 스콧뿐만 아니라 디스커버리호의 다른 장교들도 사정은 마찬가지였습니다.

아미티지를 제외하면 모두 33세 미만이었고, 극지방을 경험해 본 사람은 고작 세 사람이었습니다. 베르나치는 보르크레빈크가 이끈 남십자성 탐험대에 물리학자로 참여했는데 1899년에 남극 대륙에서 겨울을 보냈습니다. 그리고 알버트 아미티지와 의사인 레지날드 코에틀리츠가 몇 년 전에 잭슨-함즈워스 북극 탐험대에 참가한 경험이 있었습니다.

역사의 흥미로운 점은 바로 이 기사를 보고 섀클턴이 자신도 탐험대에 참여할 수 있겠다는 자신감을 가졌다는 것입니다. 어차피 탐험대 리더조차 극지 경험이 없다면 자신도 문제 될 게 없다는 생각이었죠. 그는 9월 13일 남극 탐험대 사무실을 찾아가서 대원으로 뽑아달라고 간곡히 요청했고 평판 조회를 거친 후에, 3등 항해사로 선발이 되었습니다.

왜 국가에서 후원하는 대규모 프로젝트임에도 불구하고 극지방 탐험에 대비한 준비가 소홀했을까요? 마치 화성 탐사에 엄청난 돈을 투자하면서 정작 화성 탐사를 제대로 준비하지 않는 것처럼 말이죠. 극지방을 여행하고 그곳에서 살아남는 방법은 노르웨이 탐험가 난센의 노력 덕분에 1850년 이후 큰 발전이 있었고, 미국인 탐험가 피어리 역시 북극 지방에서의 자세한 경험을 책으로 출간했습니다. 남극에 대한 정보도 충분하지는 않아도 참고할 것은 많았습니다.

그러나 영국의 남극 탐험을 기획하고 연출했던 마크햄은 자신이 50년 전에 다녀왔던 어설픈 북극 탐험 경험에만 의지했습니다. 마크햄이 참여했던 탐험대는 썰매 개를 전혀 이용하지 않았고, 사람의 힘으로 직접 짐을 끌었습니다. 마크햄은 탐험대 리더는 당연히 해군 장교가 적임자라고 생각했습니다. 영국 탐험대가 남극 대륙에 가려면 긴 항해를 해야 하지만, 그렇다고 해군이 남극 탐험의 적임자는 아닐 텐데, 마크햄은 전혀 이 점을 고려하지 않았습니다.

---

* 에드워드 라슨, 앞의 책, p.198. | ** 롤랜드 헌트포드, '섀클턴 평전', 최종옥 옮김, 뜨인돌, p.54.

탐험대 리더였던 스콧은 진급을 위해 탐험대 대장이 되려고 했던 것이라서 평소 남극 대륙에 전혀 관심이 없었고, 극지방 탐험 경험도 없었습니다. 하물며 극지방 탐험에 관한 책을 제대로 읽지도 않았습니다. 이것은 영국 탐험가들의 공통적인 문제점이었습니다.

극지방에서 스키와 썰매 개를 사용한 사람은 노르웨이 사람들입니다. 1834년에 노르웨이 출신 윌리엄 맥테비쉬는 '겨울에는 썰매 개가 주로 짐을 나른다. 썰매 개가 끄는 짐의 양은 엄청나다'고 말했습니다. 노르웨이 출신 탐험가 오트 스베드럽(Otto Sverdrup)은 극지방 탐험을 여러 번 했는데, '스키와 썰매 개 없이 극지 탐험을 하는 것은 대단히 어리석고 불가능한 일이다'라고 말했습니다.

하지만 영국의 탐험가들은 극지방에서 썰매 개나 스키를 사용하지 않았습니다. 다른 나라 탐험가들은 이러한 방식을 비웃었지만 영국의 탐험가들은 아랑곳하지 않았습니다. 영국인들은 스키를 소홀히 여겼고, 썰매 개가 눈 속에서 운송 수단으로 적절하지 않다고 생각했습니다. 클레멘츠 마크햄 역시 사람의 힘으로 짐을 나를 것을 적극 권장했고, 스키나 썰매 개의 사용을 탐탁지 않게 여겼습니다. 그는 스키와 개를 이용한 난센과 피어리의 탐험을 사람이 썰매를 끌고 가는 영국 방식과 비교하면서 이렇게 말합니다.

'사람이 썰매를 끌고 가는 것이 극지방에서 여행하는 방법이다. 스키도 개도 필요 없다. 인간이 개의 도움 없이 성취해낸 것과 비교하면, 개와 함께 성취한 것은 아무것도 아니다.'*

마크햄은 힘든 일을 인력으로 하는 것이 도덕적으로 중요하다고 여겼습니다. 당시 영국인들은 동물에게 일을 시키지 않고, 사람이 직접 하는 것을 더 선호했습니다.**

1905년의 마크햄. 그의 옆에는 디스커버리호 탐험대 대원이 만들어서 그에게 준 조각상이 있다.
짐이 가득 실린 썰매를 사람이 끌고 가는 모습을 형상화한 것이다

더구나 당시 영국에서는 남성다움의 척도와 적자생존에 적합한 우월성을 몸으로 보여주는 것이 당연하게 여겨졌습니다. 스콧 역시 극지방에 관한 새로운 지식을 거의 참고하지 않은 채, 별다른 준비도 없이 혹독한 신세계로 들어가겠다며 이렇게 말하고 있습니다.

'나는 개들을 이용한 여행으로는 그 숭고한 관념의 고지에 접근할 수 없다고 생각한다. 대원들이 누구에게도 도움받지 않고 자신의 힘으로 시련과 위험, 그리고 난관에 정면으로 맞서고, 하루하루 한주 한주 힘든 육체노동으로 광대한 미지의 세계가 던져주는 문제를 풀 때, 그 고지에 도달할 수 있다. 바로 그래야만 더 고귀하고 훌륭한 정복을 이룰 수 있는 것이다.'***

그렇다면, 마크햄이 '젊은 리더에게 책임을 맡겨야 새로운 생각과 입장이 가능해진다'고 말한 의미는 무엇일까요? 그것은 자신의 관점과 방식을 반대하거나, 새로운 시도를 하는 것이 아니었습니다.

* 에드워드 라슨, 앞의 책, p.227. | ** 롤랜드 헌트포드, 앞의 책, p.137; 마이클 스미스, '위대한 탐험의 숨은 영웅 톰 크린', 서영조 옮김, 지혜로울자유, p.28 | *** 에드워드 라슨, 앞의 책, p.226.

마크햄은 자신의 관점과 방식이 여전히 옳다고 믿었기 때문에 자신의 관점과 방식을 충실히 수행해서, 영국인의 정신이 강하다는 것을 입증해 줄 젊은이가 필요했을 뿐입니다. 스콧처럼 영국인의 가치를 실현할 보수적이고 성실한 사람을 원했던 것이죠.

스콧과 그의 대원들이 남극 탐험을 제대로 준비할 기회가 없었던 것도 아닙니다. 스콧은 탐험대 리더로 정식 선발된 후, 1900년 가을에 크리스티아나에 있는 난센을 방문했습니다. 난센은 스콧에게 썰매 개와 스키를 탐험에 활용하라고 조언했지만, 스콧은 난센의 조언을 개무시했습니다. 스콧은 남극에 도착한 후 난센에게 보낸 편지에서 이렇게 말하고 있습니다.

'저는 이렇다 할 계획이 아무것도 없습니다. 저는 현장에서 어쩌면 좋지 못한 상황에서 신속하게 계획에 착수해야 하는 사태가 벌어질지도 모른다는 점을 항상 염두에 두고 있습니다.'[*]

디스커버리호 탐험대에서 초기에 과학자들의 대표로 선발된 사람은 지질학자 그레고리 박사였습니다. 그는 아프리카 탐험을 성공적으로 이끌었고, 북극 탐험에도 참여한 경험이 있었습니다. 그는 마크햄이나 스콧과 관점이 달랐고, 철저한 준비만이 최선의 방법이라고 생각했습니다. 탐험대원들이 스위스에 가서 스키를 배우고 얼음 구덩이에서 일하는 경험을 쌓아야 한다고 주장했습니다. 하지만 클레멘츠 마크햄은 해군 지휘 체계를 고집하며 그레고리 박사가 스콧의 명령을 받게 했고, 박사의 사전 계획도 받아들이지 않았습니다. 결국 그레고리 박사는 갈등을 겪다가 탐험대에서 사임하고 말았습니다. 그레고리 박사는 스콧에 대해서 이렇게 평가하고 있습니다.

---

[*] 라이너 랑너, '남극의 대결, 아문센과 스콧(Duell im ewigen Eis)', 배진아 옮김, 생각의 나무, p.87 | [**] 자기 긍정 편향에 관한 연구는 무척 많은데 가장 재미있었던 조사는 누가 천당에 갈 것 같은지 미국인 1,000명에게 물은 조사였다. 1등은 79%를 차지한 마더 테레사였다. 그렇다면 본인들이 천당에 갈 것이라고 응답한 사람은 얼마나 되었을까? 87%였다!!! 자료 출처는 Leary, M. R., 2004, 'The curse of the self: Self-awareness, egotism, and the quality of human life', NY: Oxford University Press.

'스콧은 조직 관리가 너무 미숙했다. 의사결정도 임기응변식이고 너무 느렸다. 정확하게 예측하거나 계획하지 않고 지나치게 운에 의지했다. 그는 탐험 장비도 전혀 다룰 줄 모르는데, 가죽옷, 썰매, 스키에 대해서 전혀 아는 것이 없다. 특히 내가 염려하는 것은 그가 이러한 사실을 전혀 걱정하지 않고, 그런 게 필요하다는 것조차 고려하지 않고 있다는 사실이다.'

마크햄과 스콧이 난센을 벤치마킹하면서도 그의 경험을 무시하고, 그레고리 박사의 주장도 무시하는 이유는 무엇일까요? 극지방 경험이 없는 초보자가 숙련된 전문가와 경험이 많은 과학자의 조언을 거부하는 것을 어떻게 이해하면 좋을까요?

사람들은 자신이 평균 이상의 실력이나 특성이 있다고 생각하는 자기 긍정 편향(self-serving bias)이 있습니다.** 그리고 자신이 기대하는 것이나 보고 싶은 것만 보는 확증 편향(confirmation bias)이 있습니다. 심지어 자신은 편견이 없다는 편견('I'm not biased' bias)도 흔합니다. 이 세 가지 편향이 함께 어우러지면 우리는 확신의 덫에 걸리고 생각의 감옥에 갇힙니다. 자신이 잘하는 줄 알고, 실제로 잘하고 있다는 증거만 선택적으로 보면서, 자신이 매우 객관적이라고 생각하는 것이죠. 다행히 그 감옥은 자신이 만들어낸 것이기 때문에 우리는 감옥의 죄수이면서 또한 간수이기도 합니다. 스스로 만들어낸 감옥에서 스스로 풀려날 수 있습니다. 자신이 감옥에 있다는 것을 알아차린다면 말이죠.

초보자들은 자신이 초보라는 것을 알까요? 초보자들은 전문성이 없기 때문에 자신의 전문성을 판단하기 어렵습니다. 그리고 자기 긍정 편향이 초보자들의 눈을 가려서 자신이 꽤 잘한다는 착각을 하게 됩니다. 이것을 심리학자들은 더닝 크루거 효과(Dunning-Kruger effect)라고 표현합니다.

코넬 대학의 사회심리학자 데이빗 더닝과 저스틴 크루거는 유머감각, 논리력, 문법 등이 바닥인 사람들이 자신들의 실력을 과대평가한다는 연구 결과를 발표했습니다.* 아래 그림에서 보듯이, 점수가 낮을수록 실제 점수와 차이가 크지만 본인은 그 사실을 알지 못하기 때문에 더 나아지려는 노력을 하지 않는 것이죠. 리더들도 마찬가지입니다. 다양한 국가의 리더들을 대상으로 한 연구 결과를 보면, 리더십 역량이 낮을수록 스스로를 과대평가하는 경향이 어느 나라에서나 두드러졌습니다.**

더닝 크루거 효과 사례

제가 그동안 경험했던 우리나라 여러 기업의 리더십 진단 결과도 비슷했습니다. 모 회사에서 했던 실제 사례를 살펴보면, 왼쪽은 최저 점수를 받은 리더인데, 자기 평가 점수가 상사, 동료, 부하직원의 평가보다 월등히 높습니다. 반면에 오른쪽은 상위 10%에 해당한 리더인데, 자기 평가 점수와 타인 평가 점수의 차이가 매우 적습니다.

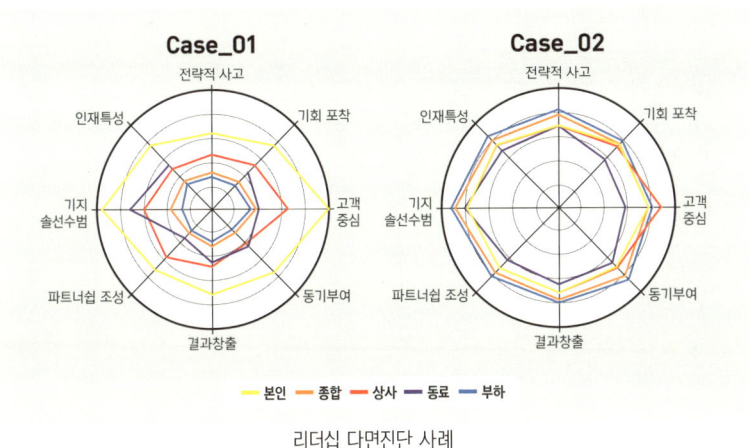

리더십 다면진단 사례

리더십 역량이 낮은 사람은 자신과 상대의 인식 차이를 모르니까 계속 낮은 수준에 머물고, 리더십 역량이 높은 사람은 인식 차이를 줄이기 위해 노력했다는 것을 알 수 있습니다. 더닝 교수의 말에 따르면, 더닝 크루거 클럽의 1원칙은 자신이 더닝 크루거 클럽의 멤버라는 것을 모른다는 점이라네요.*** 누구나 멤버가 될 수 있다는 뜻이겠죠?

---

* 코넬 대학의 사회 심리학자 더닝과 크루거는 자신들의 논문에서 한 은행털이범의 사례를 소개하고 있다. 1995년에 은행 두 곳을 턴 맥아더 휠러는 전혀 위장을 하지 않은 채 은행을 털다가 보안 카메라에 찍혔고, 곧 붙잡혔다. 경찰이 카메라에 찍힌 모습을 보여주자 믿지 못하겠다는 표정으로 이렇게 말했다고 한다. '하지만 주스를 발랐는데요'. 어린이들이 비밀 편지를 쓸 때 이용하는 레몬주스를 얼굴에 바르면 카메라에 찍히지 않는다고 믿었다. Kruger & Dunning, 1999, 'Unskilled and unaware of it: how difficulties in recognizing one's own incompetence lead to inflated self-assessments', Journal of Personality and Social Psychology, 77(6), 1121-1134. | ** Adam Grant, 2021, 'Think Again'에서 재인용. | *** 긍정심리학자 알렉스 라인리(Alex Linley)는 사람들이 자신의 강점에 대해서 알고 있는지 조사했는데, 자신의 강점을 아는 사람은 3분의 1 정도였고, 모르는 사람이 3분의 2였다. 그리고, 조직심리학자 타샤 유리크(Tasha Eurich)가 사람들이 스스로에 대해서 얼마나 잘 알고 있는지 조사했는데, 그녀의 조사에 따르면, 약 95%의 사람들이 자신을 잘 알고 있다고 응답했지만 실제로 자신을 아는 사람은 15% 정도였다. 자세한 내용은 Alex Linley, 'Average to A+: Realising strengths in yourself and others'; 타샤 유리크, '자기통찰(Insight: Why we're not as self-aware as we think)', 김미정 옮김, 저스트북스, 참고.

애덤 그랜트는 2021년에 출간한 '싱크 어게인(Think Again)'에서 우리가 과학자처럼 생각할 때, 생각의 감옥에서 벗어날 수 있다고 말합니다. 과학자는 가설을 세우고, 실험하고, 검증하는 과정을 되풀이합니다. 이 과정에서 자신의 가설을 수정하고, 발전시킵니다. 틀렸다는 것을 인정하는 것은 새로운 것을 알게 되었다는 것이고, 한 걸음 더 발전했다는 것을 의미합니다.

그렇다면, 과학자의 마인드를 가진 전문가들은 생각의 감옥에 갇히지 않을까요?

에디슨은 1878년 11월에 '**에디슨 전기 조명 회사**'를 설립하고, 백열전구 발명에 몰두합니다. 그는 시행착오를 실패가 아니라 알아가는 과정이라고 생각했습니다. '**인생에서 겪는 대부분의 실패는 자신이 성공에 얼마나 가까이 갔었는지 깨닫지 못한 사람들이 경험한다**'* 고 말했을 정도죠. 그는 1년여의 노력 끝에 6,000개가 넘는 물질 중에서 마침내 값싸고 오래가는 최고의 필라멘트를 찾아냅니다. 과학자의 마인드, 99%의 땀과 1%의 영감으로 만든 결실이었습니다.

전구 발명에 성공한 그가 곧바로 매달린 일은 전기를 만들어서 각 가정에 전달하는 시스템을 만드는 것이었습니다. 소비자들이 전기로 전구를 사용하는 새로운 시장을 개척하려고 했던 것이죠. IDEO의 CEO인 팀 브라운은 에디슨의 이러한 접근이 디자인 씽킹(design thinking)의 표본이라고 얘기합니다. 에디슨이 멘로 파크에 연구실을 만들어서 여러 사람과 팀을 이루어 가설, 실험, 검증의 과정을 반복하면서 고객이 원하는 솔루션을 제공했기 때문입니다.**

---

* 마이크 윈첼, '테슬라와 에디슨의 전류전쟁', 김시내 옮김, 매직사이언스, p.61. | ** 팀 브라운이 2008년에 디자인 씽킹을 하버드 비즈니스 리뷰에 게재한 후, 디자인 씽킹에 대한 관심과 활용이 확대되었다고 한다. 자세한 내용은, Tim Brown, 2008, 'Design Thinking', Harvard Business Review, 참고.

팀 브라운이 언급하지 않은 그 후의 일들을 좀 더 살펴보겠습니다. 전기 시스템을 고민하던 에디슨은 처음부터 직류에 관심을 쏟았습니다. 그는 고집스럽게 직류에 매달렸고, 다른 방식은 아예 생각하지 않았습니다. 그가 직류 시스템에 매진하던 1884년에 신입 직원이 들어왔습니다. 그 직원은 얼마 안 가 에디슨이 자신의 실력을 인정하자, 교류가 직류보다 더 적은 비용으로 더 많은 전력을 생산할 수 있다고 주장했습니다. 그러나 에디슨은 '**교류에는 미래가 없고, 거기에 투자하는 사람은 시간을 낭비하는 것**'이라며 전혀 관심을 보이지 않았습니다. 그 직원은 바로 니콜라 테슬라였습니다. 테슬라는 에디슨을 떠난 후 웨스팅하우스와 협력하여 교류 시스템으로 큰 성공을 거두었습니다.

반면에 에디슨은 1892년에 회사 경영권을 잃었고, 회사 이름에서 에디슨이 빠지고 제너럴 일렉트릭(GE)으로 바뀌었습니다. 그런데도 에디슨은 자신의 실패를 받아들이지 않았습니다.

자신이 원해서 경영권을 넘겼고, 자신에게 전깃불은 너무 구식이라 더 이상 관심거리가 아니라고도 했습니다. 하지만 그의 말을 곧이곧대로 믿는 사람은 별로 없었을 겁니다.

에디슨이 과학자 마인드와 디자인 씽킹을 잊어버리고, 끝까지 직류에 고집을 부린 이유는 무엇일까요? 에디슨에게 직류는 이상적이었고, 교류는 위험해 보였습니다. 직류에 대한 자신의 신념을 결과로 입증하는 것은 자신의 정체성과도 연결되어 있었습니다. 멘로 파크의 마법사, 발명의 천재가 경쟁에서 진다는 것은 있을 수 없는 일이었을 테죠. 그 결과, 과학자 마인드와 디자인 씽킹의 표본인 에디슨조차 생각의 감옥에 제 발로 들어갔던 것입니다.

이처럼 과학적인 마인드로 살아가는 전문가들조차 생각의 감옥에 갇힐 수 있습니다. 특히, 자기 생각에 확신을 하고 그 확신을 신념화해서 정체성과 동일시하면, 자신의 관점이 틀렸다는 것은 신념이 훼손되고 자신을 부정하는 것이 됩니다. 그래서 자신이 틀렸다는 것을 끝내 인정하지 않는 것이죠. 감옥에 갇혀 있으면서도 자신이 자유롭다고 주장하는 느낌이라서 무척 안타까운 모습입니다.

자, 다시 스콧으로 돌아가 보겠습니다. 스콧은 생애 첫 탐험을 준비하면서 사전에 철저한 준비를 하지 않았습니다. 그는 남극이라는 낯설고 위험한 환경에서 겪게 될 일들을 정면으로 맞설 수 있다고 생각했습니다. 미지의 세계가 던져주는 문제를 푸는 해법은 불굴의 의지 하나로 충분해 보였습니다.

그레고리 박사는 스콧이 계획도 없고 걱정도 없다고 우려했지만, 스콧은 분명히 자신의 의지를 갈고 닦았을 것입니다. 낯설고 위험한 환경에서 의지는 그의 유일한 무기이니까요. 설상가상으로 그는 의지력을 맹신하면서 유연성도 부족했습니다. 롤랜드 헌트포드는 스콧이 조금 둔하고 틀에 박힌 사고를 하고 있었다고 말합니다. 낯선 환경에서 의지력에만 의존하고 돌발 상황에 대처를 못 하니 대원들이 감당해야 할 어려움은 더욱 클 수밖에 없었습니다.

스콧은 디스커버리호를 타고 1901년 8월 6일(당시 만 33살)에 남극 탐험을 위해 영국에서 출발했습니다. 스콧은 남극으로 가는 항해 도중에도 해군의 규율을 매일 유지하려고 했습니다. 예를 들어 매일 아침 갑판을 물로 닦고 청소하라고 지시했는데, 영하 수십 도의 날씨에서 갑판에 물을 뿌리면 곧바로 얼어붙었고, 대원들은 삽으로 얼음을 깨고 퍼내느라 생고생을 했습니다.

스콧은 계급과 신분 차이도 엄격하게 구분했습니다. 대원들 사이에서 발생하는 갈등은 탐험을 위험에 빠트릴 수 있었는데 스콧은 대원들의 충돌도 자신이 알고 있는 방법, 즉 엄격한 통제와 기강으로 해결하려고 했습니다. 위계질서와 반복된 훈련을 중시하며 권위 의식에 사로잡혀 있는 스콧다운 방식이었죠. 그러다 보니 위기상황에서 그의 대처 능력은 몹시 미흡했습니다.

디스커버리호가 남극 근처에서 얼음 바다에 갇혔을 때 스콧은 계속 동쪽으로 항해하라는 지시만 내렸고, 해군들은 근무 수칙대로 무조건 복종했습니다. 당시 섀클턴은 명령에 상관없이 얼음 바다에서 탈출하는 것이 급선무라고 생각했는데, 스콧이 위기 상황에서 갑자기 공황 상태에 빠지는 모습을 보고 몹시 실망했습니다. 배가 몇 차례 부빙에 갇힐 때마다 다행히 아미티지가 배를 지휘하여 위기에서 빠져나올 수 있었습니다.

디스커버리호는 긴 항해 끝에 1902년 1월 초순 남극권을 넘어갔고, 한 달 가량 남극 대륙 부근을 탐사하다가, 2월 초에는 맥머도 해협 입구에서 가까운 로스섬의 허트포인트에 자리를 잡았습니다. 남위 77° 50분의 지점이었습니다.*

위의 그림은 디스커버리호, 님로드호, 테라노바호 탐험대가 베이스캠프로 이용했던 로스섬의 허트포인트 위치이다.

월동 준비를 하면서 스콧은 내년 여름에 남극점에 도착하는 목표를 달성하려면 스키를 잘 타야 하니, 대원들 모두에게 스키 연습을 하라고 지시했습니다. 그러나 스키를 가르쳐 줄 전문 강사는 없었습니다. 남극 여행에 필요한 스키는 평지를 걷거나 혹은 고지대를 올라가는 크로스컨트리 스키였습니다. 스콧 자신은 스키를 연습하다가 넘어져서 허벅지 뒤쪽 근육이 파열되는 부상을 입자, 그 후로는 훈련을 하지 않았습니다. 섀클턴 역시 자신이 일행 중에서 가장 스키를 못 타고 한동안 연습해도 실력이 늘지 않자 금새 포기하고 말았습니다.**

클래식 주법
양쪽 스키가 평행하게 움직여야 함.
가만히 서서 양쪽 폴로 땅을 짚고 나아가는 주법도 가능. 최고 시속 약 25km

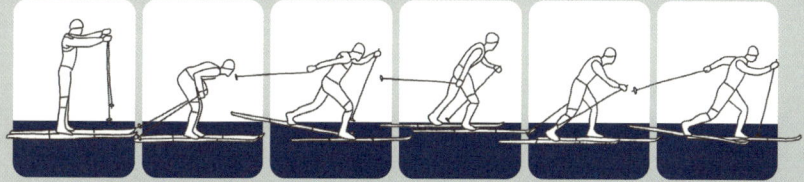

프리스타일 주법
주로 스케이팅을 하듯 스키를 좌우로 치며 앞으로 나아감.
최고 시속 약 30km로 클래식 주법보다 빠름.

* 구글 어스(Google Earth)를 이용해서 허트포인트로부터 남극점까지의 직선거리를 살펴보면 약 1,358km이다. | ** 노르웨이는 역대 크로스컨트리 올림픽 메달 집계에서 금메달 수나 전체 메달 수 합계에서 압도적으로 1위를 차지하고 있다. 노르웨이의 금메달 수는 40개로 2위인 스웨덴의 29개보다 훨씬 많다. 영국은 크로스컨트리 분야에서 아직까지 메달을 얻지 못했다.

스콧과 섀클턴은 임기응변으로 상황에 적응하는 데는 능숙했지만, 끈기를 가지고 철저하게 준비하는 것은 몹시 부족했습니다.

그해 2월 중순 남극의 지형지물을 살피기 위해서 선발대를 꾸렸을 때, 섀클턴과 윌슨, 페라리는 극지방 탐험이 처음이었습니다. 출발 하루 전에 처음으로 썰매 개들을 몰아보았지만 아무도 제대로 다룰 수 없었습니다. 섀클턴은 개들을 썰매로부터 분리한 뒤, 자신과 동료들이 직접 마구를 착용하고 썰매를 끌었습니다. 스키도 익숙하지 않아서 벗어 던졌습니다. 그들이 스키와 썰매 개에 익숙하지 않아서 고생하는 모습은 그 후 탐험에서도 반복해서 등장합니다. 그렇다고 그들이 자신의 실력 부족을 탓하지는 않았을 것입니다. 썰매 개는 극지방에서 별로 효과적이지 않다는 증거를 찾았고(확증편향), 자신들의 강인한 의지와 능력으로 충분히 썰매를 끌 수 있다는 자부심을 가졌을테죠(긍정편향).

방한복도 준비가 허술했습니다. 섀클턴과 대원들은 영국제 바바리코트를 입고 있었는데, 극지방 의복으로는 적당하지 않았습니다.* 지난 15년 간 숱한 탐험가들이 습득한 지식을 깡그리 무시한 옷을 고집하다가 급기야 선발대 3명은 모두 동상에 걸리고 말았습니다. 요리하기 위해서는 프라이머스 석유 난로**에 불을 붙여야만 했는데 1892년에 선을 보인 이 휴대용 난로를 사용해 본 사람은 아무도 없었습니다. 텐트 안에서 잠을 자본 적도 없었고, 슬리핑백도 없었습니다. 그들은 사슴 털가죽 옷을 한 벌씩 껴입고 잤습니다.

---

* 1893년에 북극 탐험을 한 노르웨이의 난센을 구조한 영국의 프레데릭 잭슨, 남극 탐험에 나섰던 스콧과 섀클턴, 1919년 비행기로 대서양을 처음 횡단한 영국의 존 알콕과 아서 브라운, 1924년에 에베레스트 등정에 나섰던 영국의 조지 말로리는 모두 버버리의 개버딘을 입었다. 버버리 코트는 군대에 납품되었고, 영국 왕실과 상류층 인사들이 즐겨 입었다고 한다. 아문센은 에스키모가 입는 순록 가죽으로 만든 털가죽 옷을 입었는데, 스콧은 영국 신사가 그런 야만스러운 옷을 입을 수 없다며 개버딘 방한복을 선택했다. 털가죽 옷은 무겁지만 땀을 밖으로 내보낼 수 있었고, 저고리처럼 쉽게 입고 벗을 수 있었다. 개버딘 방한복은 가볍지만 땀을 흡수하지 못했고, 자루처럼 뒤집어써야 해서 계속 입고 있어야 했다. 더구나 털가죽 옷은 끈으로 옷을 여미지만, 개버딘은 단추를 채워야 했는데, 영하 50도에서 주석으로 만든 단추가 부서졌다. 아문센은 개버딘을 방한용 덧옷과 텐트로 사용했는데, 남극점에 개버딘 텐트를 남기고 왔다. (자료출처: 허두영, '명품 불멸의 법칙') | ** 프라이머스 스토브는 1892년에 스웨덴 발명가 Frans Wilhelm Lindqvist가 발명해서 판매한 휴대용 난로이다. 난센, 아문센 등 극지방 탐험가들이 사용했고, 에베레스트 등정을 시도한 조지 말로리도 사용했다. 제조업체에 상관없이 프라이머스는 휴대용 난로를 의미하는 보통명사처럼 사용되고 있다.

그해 남극의 겨울은 4월 23일에 시작해서 8월 22일에 끝났습니다. 네 달 가량 전혀 해를 볼 수 없는 어둠이 계속되었습니다. 스콧은 탐험에 관한 계획을 혼자 간직했고 대원들과 상의하거나 미리 알리지 않았습니다. 계획이 분명하지 않았던 것일까요? 아니면 대원들이 자신을 두려워하길 원했을까요? 스콧이 준비에 철저했다면 대원들이 겨울 동안 극지방 탐험 준비에 바빴겠지만, 그가 계획을 미리 알려주지 않자 대원들은 정박된 배를 관리하거나 일상적인 일만 되풀이하며 겨울을 보냈습니다.

대원들은 미래의 불확실성이 답답했고, 아무런 준비를 할 수 없었습니다. 남극점 탐험에 누가 참가할지도 당연히 아무도 몰랐습니다. 이것은 디스커버리호 탐험뿐만 아니라, 나중에 테라노바호 탐험에서도 중요한 이슈가 됩니다.

남극점 정복에 나설 사람을 미리 선발해서 힘을 비축할 수 있도록 관리하지 않고 마지막 순간까지 모든 사람이 똑같이 썰매를 끌도록 했던 것이죠. 그 때문에 남극점을 향해 스콧과 동행했던 대원들은 이미 지친 상태에서 남극점 도전에 나서게 됩니다.

겨울이 끝나가는 무렵 7월 7일, 스콧은 섀클턴에게 썰매 개를 관리하면서 남극대륙 행군을 위해 썰매 개 다루는 법을 익혀 두라고 지시했습니다. 지난 2월에 썰매 개를 연습한 이후로 처음이었습니다. 섀클턴은 갑작스레 3개월 이내에 썰매 개들을 능숙하게 다루는 법을 배워야 했습니다. 하지만 썰매 개를 다루려면 많은 연습과 시간이 필요합니다. 탐험가 피어리는 썰매 개 다루는 법을 익히는 데 2년이나 걸렸습니다. 섀클턴은 그 기간을 견뎌낼 인내심이 부족했습니다. 개에 대한 이해심도 부족했고 개를 좋아하지도 않았습니다. 썰매 개가 썰매를 끄는 가장 좋은 속도는 가볍게 뛰는 것인데 이 속도는 스키 속도와도 잘 맞았습니다.

하지만 섀클턴을 포함한 누구도 스키를 제대로 타지 못했습니다. 디스커버리호 대원들은 눈 위를 스키로 미끄러져 나가는 대신 터벅터벅 걸어 다녔고, 썰매 개들 역시 뛰지 않고 걷도록 훈련받았습니다. 썰매 개들에게는 불편한 방식이었죠. 썰매 개들은 적응을 못 했고, 억울하게 채찍질을 당했습니다.

스콧의 리더십은 남극에서도 별로 믿음직스럽지 않았습니다. 시험 행군에 참여했던 대원들이 크레바스에 빠지는 사고가 발생했을 때, 다행히 모두 구조되었지만 대원들이 받은 충격은 무척 컸습니다. 그때 멀리 배가 보이자 스콧이 갑자기 일행을 버려둔 채 혼자서 마구 달려갔습니다. 섀클턴은 리더가 대원들을 버려두고 혼자 가버리는 것을 도저히 이해할 수 없었습니다.

시험 행군을 마친 후, 드디어 스콧은 윌슨과 섀클턴과 함께 1902년 11월 2일에 남극점을 향한 행군을 시작했습니다. 그들이 남극 탐험에 나섰을 때 썰매 개를 능숙하게 몰 수 있는 사람은 여전히 없었습니다. 무려 8개월의 시간이 있었지만 아무도 준비하지 않은 것입니다. 윌슨은 섀클턴과 스콧 두 사람에 대해 이렇게 얘기하고 있습니다.

'스콧 선장은 불독처럼 강하고 무척 까다롭다. 섀클턴은 인내심이 부족해 보인다. 하지만 탐험에 대한 그의 열망이 그를 끝까지 버티게 할 것이다.'

윌슨의 예상은 나중에 그대로 현실이 되었습니다.

시베리아산 썰매 개 19마리가 끄는 다섯 대의 썰매에는 모두 839kg의 짐이 실려 있었습니다. 가장 무거운 것이 204kg, 가장 가벼운 것이 80kg이었습니다. 그들은 다섯 대의 썰매를 한 줄로 연결하여 일렬로 서게 했고, 19마리의 개가 한꺼번에 썰매를 끌도록 배치했습니다. 이것은 썰매 개를 여러 팀으로 나누어 각기 한 대나 두 대의 썰매를 끌게 하는 것에 비해서 매우 비효율적이고 느린 방법이었습니다. 썰매 개 한 마리가 끌 수 있는 적정 무게는 최대 35kg 이하였지만 그들은 이런 사실을 알지 못했습니다. 모른다는 것을 모르면서, 개들만 탓했을 뿐입니다.

스콧 일행이 로스 빙붕 내륙으로 175km를 가는 데는 무려 30일이 걸렸습니다. 하루에 6km도 가지 못했던 것이죠. 개를 제대로 이용하지 못하고 사람이 직접 썰매를 끌었기 때문입니다. 더구나 스콧이 짐을 두 개로 나눈 다음 왕복해서 옮기는 방식도 큰 이유였습니다. 세 사람이 1.6km를 이동해서 일정 분량의 짐을 앞에 갖다 놓고, 다시 1.6km를 걸어서 돌아온 다음, 남아 있는 짐을 가지고 다시 1.6km를 이동한 것입니다. 한 달 동안 그들이 실제로 걸은 거리는 175km의 세배이니까, 노력에 비해 결과가 형편없었습니다.

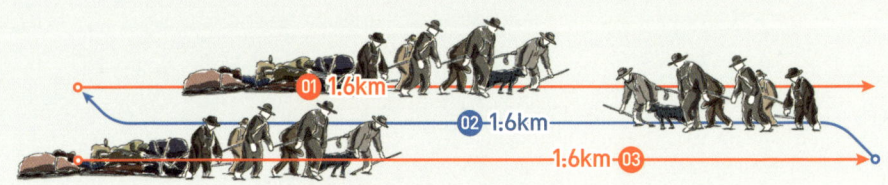

1.6km X 3 = 4.8km

하루에 최대 10시간씩 이런 일이 매일 반복되었고, 그들은 빠른 속도로 지쳐갔습니다. 더구나 탐험 초기에 식사량을 조절하지 않고 실컷 먹다가 한달 후에는 식사량을 하루에 두 끼로 줄여야 했습니다. 만약 짐을 왕복해서 옮길 필요가 없었다면, 체력 소모가 1/3로 줄고, 식사량도 그만큼 줄일 수 있었을 것입니다.

급기야 스콧과 섀클턴은 둘 다 괴혈병에 걸렸습니다. 괴혈병은 극지방 탐험을 방해하는 주범 중 하나였습니다. 남극 내륙에서 생물이 거의 없어서 신선한 음식을 얻을 수가 없기 때문이죠. 스콧은 괴혈병에 대처하는 것도 기존의 상식을 철석같이 믿고 따랐습니다. 당시 사람들은 괴혈병이 음식의 독성 때문에 발생하는 것이므로 고온에서 살균하면 괴혈병을 충분히 예방할 수 있다고 생각했습니다. 해군과 스콧은 잘못된 상식을 의심하지 않았습니다. 스콧이 탐험을 위해 가져온 음식들은 보관이 용이한 통조림과 절인 고기 위주였는데, 모두 비타민 C가 결여된 식품이었습니다.

그러나 북극에서 두 번의 겨울을 보낸 적이 있는 코에틀리츠와 아미티지는 신선한 음식이 부족하거나 육지를 떠나서 살게 되는 경우, 괴혈병이 발생한다는 것을 확실히 알고 있었습니다. 섀클턴도 마찬가지였는데 그는 물개들을 잡아 배에 저장했고, 틈날 때마다 스콧에게 신선한 고기의 섭취가 필요하다고 역설했습니다.

결국, 요리를 충분히 살균했음에도 불구하고 괴혈병이 발생하자, 스콧은 아미티지와 코에틀리츠, 그리고 섀클턴의 말에 귀를 기울였습니다. 물개고기를 대원들이 매일 먹도록 함으로써 괴혈병을 예방할 수 있다는 생각을 겨우 받아들였던 것이죠. 하지만 10년 후 테라노바호 탐험에 나섰을 때 스콧이 쓴 일기를 보면, 음식에 문제가 없어서 괴혈병에 걸리지 않았다는 대목이 나옵니다. 그는 그때까지도 잘못된 음식을 먹으면 괴혈병에 걸린다는 믿음을 갖고 있었던 것입니다.

다행히 탐험 내내 날씨는 계속 좋았지만 체력저하와 음식부족, 괴혈병 등으로 남극점 도달을 포기하고 돌아가는 것을 심각하게 고려해야 했습니다. 하지만 스콧은 계속 '닥치고 전진'을 외쳤고, 약 두 달 뒤 12월 30일에 그들이 도착한 곳은 남위 82° 17분 지점이었습니다. 59일 동안 하루 평균 11km씩 총 650km 정도를 이동한 것인데, 남극점으로부터 772km 거리였습니다. 비록 남극점에 가장 가까이 간 기록이었지만 만족할 수 없는 성과였습니다. 그들이 다시 출발점으로 돌아오는 것은 더 힘든 여정이었습니다. 섀클턴의 괴혈병이 더 심해져서 마침내 걷지도 못하고 사경을 헤맸기 때문입니다. 하지만 윌슨이 예측했던 것처럼 그는 끝까지 버티며 겨우 살아 돌아올 수 있었습니다.

개를 이용하지 못하고 개고생을 한 스콧의 1차 탐험은 다음 두 가지로 요약됩니다. 남극 대륙에 대한 경험 부족과 준비 부족. 스콧은 1차 탐험에 대해서 다음과 같이 이야기했습니다.

'우리의 무지는 개탄스러울 정도였다. 식량이 얼마나 어떤 비율로 필요한지, 조리 기구는 어떻게 사용해야 하는지, 텐트는 어떻게 쳐야 하는지, 심지어는 복장을 어떻게 갖춰야 하는지도 몰랐다. 복장과 장비 가운데 어느 하나도 미리 시험해보지 않았다. 전반적으로 무지했고, 모든 면에서 시스템이 부재했다.'

스콧이 1차 탐험을 돌아보면서, 자신이 알고 있는 것이 틀렸다는 것을 알게 되었을까요? 자신이 모른다는 것을 몰랐음을 알게 되었을까요? 그가 경험을 통해 무엇을 학습했는지는 그가 탐험 후에 무엇을 개선하였는지를 보면 짐작할 수 있습니다.

남극점 도달에 실패한 후, 스콧은 섀클턴과 몇 명의 하급 선원을 본국에 돌려보냈습니다. 스콧이 섀클턴을 영국으로 조기 귀국시킨 것은 섀클턴이 자신의 성과를 방해했다고 생각해서입니다. 스콧과 섀클턴 둘 다 괴혈병에 걸렸지만, 스콧은 견뎌냈고 남극을 향해 더 나아가려고 했습니다. 그러나 섀클턴의 상태가 매우 안 좋았고, 스콧 일행은 결국 돌아서야 했습니다. 섀클턴이 병약하지만 않았다면 남극점에 더 다가갈 수 있었고 탐험대의 업적은 더욱 돋보였을 것입니다. 사실 식량 조절을 제때 못하고, 괴혈병을 예방하지 못하고, 짐을 왕복해서 운반하느라 속도가 느려진 것은 경험 부족과 리더십의 문제였는데, 스콧은 섀클턴을 비난하며 자신의 문제를 자각하지 못했습니다.

---

* 마이클 스미스, 앞의 책, p.62

스콧처럼 성과가 미흡할 때 원인을 과도하게 단순화하며 남 탓을 하는 리더는 무척 많습니다. 자신을 긍정하면서 저조한 성과를 설명하려니, 자연스레 상황이나 남 탓을 하는 것이죠. 그리고 남탓을 하면서 상대의 처지는 충분히 고려하지 않고, 그 사람의 본래 성향이 문제라며 존재 자체를 비난하는 기본적 귀인오류(fundamental attribution error)에도 빠집니다. 긍정편향과 기본적 귀인오류라는 이중 덫에 걸리는 것입니다.

체스터 바너드(Chester Barnard, 1886년~1961년)는 1938년에 저술한 '경영자의 역할(the functions of the executive)'에서 조직이란 2명 이상의 사람이 모여서 의식적으로 행동이나 힘을 조정하는 시스템이라고 정의했습니다. 조직은 공동의 목적을 위한 협력 시스템이라는 것이죠. 조직이 협력 시스템이라면, 시스템의 문제를 해결할 때도 공동의 노력이 필요합니다. 시스템의 원인이 무엇인지, 올바른 해법은 무엇인지 함께 머리를 맞대야 합니다. 품질 혁신의 대가로 알려진 에드워드 데밍도 자신의 경험으로 볼 때, 문제의 94%는 시스템에 있고, 나머지 6%는 다른 원인에서 기인한다고 주장합니다. 그런데 조직에서 문제가 발생했을 때 흔히 '사람'이 원인이라고 보고, '시스템'에 내재한 원인을 무시하는 경우가 잦습니다. 스콧처럼 사람을 교체하는 것으로 문제해결을 마무리하거나 서로 책임 공방을 하며 오래도록 갈등을 겪습니다.

스콧은 그 후로도 1년을 더 남극에 머물면서 탐험과 연구를 계속했습니다. 스콧은 첫 번째 남극점 도전에서 중요한 경험을 했지만 자신의 무지와 잘못을 깨닫지는 못했습니다. 그는 스키 타는 방법과 개 썰매 다루는 법을 배우지 않고, 오히려 몸으로 썰매를 끄는 것에 더 열중했습니다. 실제로 디스커버리호가 남극 대륙에 있는 2년 동안 전체 탐험대원들 중에서 썰매를 가장 오랫동안 끌었던 사람은 바로 스콧입니다.

스콧은 남극대륙에 머문 2년 동안 썰매를 193일 끌었고, 그다음이 에드가 에반스[173일], 레지날드 스켈턴[171일], 알버트 퀴틀리[169일], 마이클 반[162일], 윌슨[158일], 핸슬리[153일], 톰크린[149일]입니다. 스콧은 스키나 개 썰매를 이용하는 것보다 직접 썰매를 몸으로 끄는 능력이 대원 중에서 가장 뛰어났습니다. 그는 윌슨, 섀클턴과 함께 나섰던 남극점 탐험에서 93일 동안 1,500km를 이동했는데, 그 후 남극에 1년을 더 머물면서 내륙 탐사를 했을 때는 81일 동안 1,750km를 이동했습니다. 일 평균 16km를 가던 실력이 일평균 21km로 34%나 향상된 것입니다. 두 손가락을 이용한 독수리 타법으로 1분에 200타를 치던 사람이 더 열심히 연습해서 1분에 270타로 속도가 빨라진 것과 같습니다. 열 손가락을 모두 이용하면 1분에 400타를 칠 수 있는데도 말이죠. 이것은 리더들이 자신의 성공 방식을 확신하다가 실패의 늪에 빠지는 전형적인 패턴이기도 합니다. 아래 그림에서 보는 것처럼, 강점은 제대로 사용하지 않는 것도 문제이고, 지나치게 사용하는 것도 문제입니다. 강점은 상황에 맞게 힘 조절을 해야 가장 효과적입니다.

애덤 그랜트와 배리 슈워츠는 이것을 강점의 역 U자형 효과라고 설명합니다.* 과유불급이라는 말도 같은 의미입니다. 리더가 자신의 강점을 상황에 맞게 사용하려면, 우선 다양한 강점이 있어야 하고, 그 강점을 언제 사용하는 것이 좋은지 판단할 수 있어야 합니다.** 하지만 자신의 강점은 당연하게 생각하고, 약점은 별것 아니라고 생각하는 사람이 무척 많습니다. 자신의 강점과 약점을 잘 모르니까, 강점은 자꾸 휘두르고, 약점은 내버려 두게 됩니다.

손에 망치를 들고 있는 사람이 세상을 못과 못이 아닌 것으로만 바라보며 걸핏하면 망치를 휘두르는 것과 비슷합니다. 데이비드 도트리치와 피터 카이로는 '당신을 성공으로 이끄는 1% 리더십(why CEOs fail)'에서 임원이나 CEO들이 흔히 빠지는 11가지의 함정을 소개하고 있습니다.

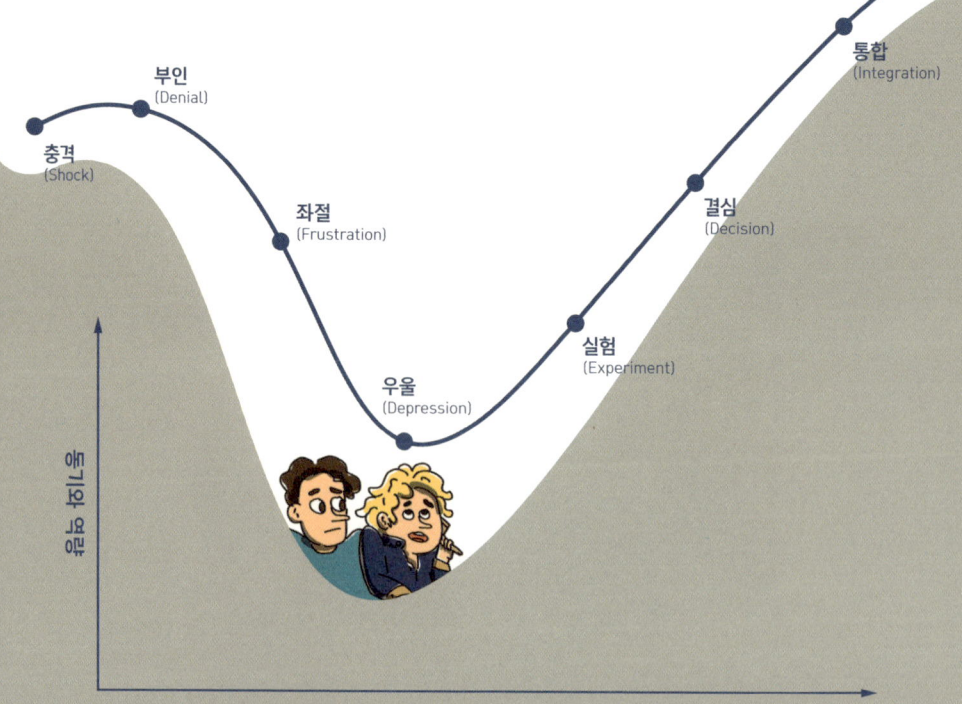

자만심, 스타의식, 다혈질, 지나친 신중함, 불신, 무관심, 장난기, 괴벽, 정치성, 완벽주의, 예스맨 성향 등인데, 이처럼 리더 주변에는 함정이 참 많습니다. 발을 잘못 디디면 온갖 함정에 빠지게 되는 것이죠. 흥미로운 것은 이 11가지 함정에 빠진 사람들에게 세 가지 공통점이 있다는 점입니다.

첫 번째, 강점이 지나치면 함정에 빠지게 됩니다. 예를 들어, 자신감이 지나치면 자만심이 되고, 주인의식이 지나치면 스타 의식이 됩니다. 마찬가지로 열정이 지나치면 다혈질이 되고, 신중함이 지나치면 우유부단함이 되고, 성과에 치중하면 사람을 놓치게 됩니다.

두 번째, 자신이 함정에 빠졌다는 것을 자신은 모릅니다. 자신의 강점을 이용해서 성공을 거둔 사람들은 강점을 아무리 사용해도 지나치지 않다고 생각하면서 아무 때나 강점을 사용합니다. 그런 방식이 자신과 상대에게 얼마나 부정적인 영향을 미치는지 모르고, 자기 패배적인 행동(Self-defeating behavior)을 반복합니다.

세 번째, 함정에 빠진 사람들은 주변 사람들의 피드백을 귀담아듣지 않습니다. 자신이 옳다는 확신 때문에 다른 사람들의 부정적인 피드백을 무시하거나 저항합니다. 주변 사람들도 몇 번 얘기하다가 소용없다는 것을 알면 결국 침묵하게 됩니다. 직원들의 침묵은 소리 없는 아우성인데, 함정에 빠진 보스들은 침묵을 동의의 표시로 여깁니다.

이 세 가지는 삼위일체가 되어 리더를 실패의 함정으로 깊이 밀어 넣는데, 함정에서 빠져나오는 것은 무척 어렵습니다. 오랫동안 자신이 성공할 수 있었던 사고습관이나 행동습관을 짧은 기간에 고칠 수 없기 때문입니다. 습관을 바꾸는 과정은 왼쪽의 그림처럼 U자형 모습입니다.

---

* Adam M. Grant & Barry Scwartz, 2011, 'Too much of a good thing: the challenge and opportunity of the inverted U', Perspectives on Psychological Science, 6(1), 61-76. | ** R. Biswas-Diener, T. B. Kashdan, & G. Minhas, 2011, 'A dynamic approach to psychological strength development and intervention', The Journal of Positive Psychology, 6(2), 106-118.

습관을 바꾸는 초기에는 새로운 방식이 서툴기 때문에 성과가 과거보다 안 좋지만 그 어려움을 견뎌내면 성과는 과거보다 점차 좋아집니다. 관건은 그 어려움을 견뎌내면서 장시간의 노력을 할 수 있느냐죠. 탐험대 일원이었던 루이스 버나치는 스콧에 대해 이렇게 얘기하고 있습니다.

'독특한 개성과 매력적인 태도, 불굴의 용기, 과학에 대한 한없는 열정을 지닌 스콧 대장은 충실성과 헌신성을 이끌어내는 능력이 있었다. 그는 해박하고 이해력이 뛰어났으며, 한 번 옳다고 생각하면 결코 물러나는 법이 없었다. 그 역시 인간이라서 약점이 없는 것은 아니었지만 이번 탐험에는 더 없이 이상적인 지도자였다.'*

여기서 루이스 버나치가 구체적으로 언급하지 않는 인간적인 약점은 스콧이 실패의 함정에 빠지는 결정적인 원인입니다. 인간의 의지로 모든 것을 해결할 수 있다고 생각하는 그의 관점과 방식은 해군에서는 강점일 수 있지만, 남극 탐험에서는 치명적인 약점이니까요. 모든 것이 낯설고 혹독한 환경에서 유연하면서 치밀한 적응능력이 없다는 것은 자신과 그의 대원들에게 악몽이나 다름없는 것이죠.

스콧이 마침내 남극 탐험을 마치고 돌아온 후, 자신의 리더십을 깊이 성찰했을까요? 자신의 무지를 알아차리고 확신의 덫에서 벗어났을까요?

스콧과 대원들은 남극 탐험을 마치고 1904년 9월에 영국으로 귀환했습니다. 스콧은 경험 부족과 괴혈병 발병, 그리고 인력으로 썰매를 직접 끄는 어려움 때문에 남극점에 한참 미달했다는 점을 비난받지 않을까 우려했습니다. 그러나 마크햄은 '극지탐험의 역사에서 타의 추종을 불허하는 독보적인 성취'라고 그들을 국민적인 영웅으로 치켜세웠고, 영국인들은 탐험대를 따뜻하게 맞이했습니다. 타임스는 1904년 9월 10일에 이렇게 보도합니다.

'스콧 함장과 그의 동료들이 과학에 헌신하며 보인 용기와 자기희생 정신은 의심할 나위 없이 우리 마음속에 영원히 살아있을 것이다. 지금까지 영국이 위대한 제국일 수 있었던 중요한 이유는 바로 이런 정신 때문이었다.'**

다른 신문들 역시 극한 상황에서 스콧과 대원들이 보여준 필사적인 용기와 인내력, 자기희생 정신을 부각했습니다. 스콧은 에드워드 시대의 영국적 남성다움의 이상을 대표하는 인물이 되었습니다. 그는 국왕의 만찬 초대를 받았고, 해군에서 함장으로 진급했고, 전국 순회 강연을 했고, 두 권의 탐험기를 출간해서 4년 치 해군 봉급보다 많은 돈을 벌었습니다. 그러다 보니 극지 탐험의 첫 경험은 과거의 관점과 방식에서 벗어나는 전환점이 아니라, 오히려 자신의 확신을 강화하는 담금질이 되었습니다. 경험 부족과 괴혈병, 그리고 몸으로 썰매를 끌면서 생긴 시간 지연은 실패의 원인이 아니라, 성공을 위한 시련에 불과했습니다.

성과에 대한 자부심이 확신을 낳고, 확증편향 때문에 다른 가능성을 보지 못하면서 작은 성과임에도 불구하고, 자기 만족에 빠진 것이죠. 아래 그림에서 보듯 확신의 덫에 걸린 것입니다.

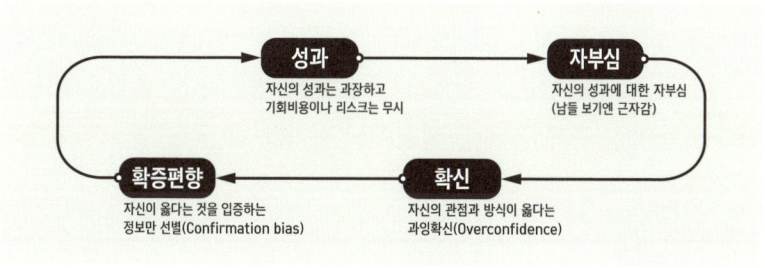

확신의 악순환

---

* 마이클 H. 로소브, '영웅들이여 말하라', 김정수 옮김, 시아출판사, p.127 | ** 에드워드 라슨, 앞의 책, p.215.

스콧은 자신의 영웅담을 즐기면서 섀클턴을 깎아내렸습니다. 섀클턴을 조기 귀국시킨 이유가 그가 부적합했기 때문이라고 공개적으로 얘기했고, '**디스커버리호 항해기**'에서는 섀클턴이 남극점 탐험에서 낙오한 것으로 묘사했습니다. 그것이 자신을 생각의 지하 감옥에 더 깊이 가두는 것인 줄은 알지 못했습니다. 그렇다고 스콧만 욕할 것은 아닙니다. 다른 사람과 작업을 수행할 때, 성과가 좋으면 자신의 공으로 돌리고 성과가 낮으면 상대 탓을 하고 성과가 평균이면 그나마 내가 잘해서 평균이라도 한 것이라고 흔히들 생각하니까요.*

그렇다면 섀클턴은 남극 탐험이라는 낯설고 위험한 도전에 어떻게 적응했을까요? 그에 대한 동료들의 평판은 어떠했을까요?

섀클턴(1874년 2월 15일 ~ 1922년 1월 5일)은 어렸을 때부터 자신감이 가득했고, 모험과 낭만을 즐기며 규율을 자주 어겼습니다. 팀 경기보다는 혼자 있는 것을 좋아했고 자신만의 공간에 머물렀습니다. 섀클턴은 남극 탐험대에 참여하기 전에는 상선의 항해사로 일을 했는데, 섀클턴이 16살에 학교를 휴학하고 처음으로 배를 탔을 당시, 그의 좌우명은 '구르는 돌에는 이끼가 끼지 않는다'였습니다. 선장은 첫 항해를 한 섀클턴이 고집이 세긴 하지만 항해할 때 성격이 예민하지 않고, 손에서 항상 책을 놓지 않았다고 이야기합니다. 섀클턴은 배에서 누구를 냉대하는 것도, 자신이 냉대받는 것도 싫어했고, 모든 사람과 친하게 지냈습니다. 큰 성과를 달성해서 자신의 이름을 남기고 싶었던 그는 영국 정부가 남극 탐험대를 꾸린다는 소식을 듣자, 지루한 일상에서 벗어날 수 있는 절호의 기회라고 생각했습니다.

---

* Johnston, W. A., 1967, 'Individual performance and self-evaluation in a simulated team', Organizational Behavior and Human Performance, 2, 309-328.

그는 지구상에서 사람의 발길이 닿지 않은 곳에 매력을 느꼈고, 어렸을 때부터 극지방 탐험에 관한 책이라면 무엇이든 탐독했습니다. 섀클턴은 1901년 8월에 스콧의 남극 탐험대에 3등 항해사로 참가했는데, 그 당시 만 27살이었습니다. 클레멘츠 마크햄은 섀클턴의 혈통을 300년 전까지 추적하여 그 가계도를 파악했는데 그가 섀클턴에 대해서 요약한 내용은 다음과 같습니다.

'섀클턴은 한결같은 고결함이 있다. 열정이 가득하고 추진력도 강하다. 성격도 매우 좋고, 지적 욕구는 감탄할 정도이다.'

스콧은 섀클턴이 지원서를 제출하자, 합격 여부를 당시 탐험대 부대장이었던 앨버트 아미티지에게 맡겼습니다. 아미티지가 섀클턴에 관한 평판을 조사해보니, 섀클턴에 대한 주변 사람들의 평은 무척 좋았습니다. 그를 경험해 본 해양 감독관, 선장들, 동료 항해사들 모두가 그를 대단히 좋게 말했던 것이죠.

그 후 남극 탐험에서 섀클턴을 경험했던 사람들의 평가도 대체로 호의적이었습니다. 그는 앵글로 아일랜드인이라서 계급의식이나 사회적 신분의 격차가 아무런 의미가 없었습니다. 그는 항해사와 기관사들 사이의 벽, 해군과 상선 출신자 사이의 벽을 깨기 위해서 노력했고, 많은 이들과 가깝게 지냈습니다. 섀클턴과 항해와 탐험을 같이 했던 동료들은 그가 대인관계에 능했고, 아이디어가 많았다고 말합니다.

롤랜드 헌트포드의 '섀클턴 평전'에서 동료들이 섀클턴에 대해서 말하는 것을 추려보면, '항상 위트가 넘쳤고, 누구와도 마찰을 일으키지 않았다', '기발한 아이디어가 번뜩였고, 위트가 돋보였다', '좋은 품성, 매력, 친절함이 그의 결점을 능가했다', '평소에 사람들에게 다정했다' 등의 언급이 눈에 띕니다. 남극 탐험 초반부에 잠시 동승했던 과학자 밀 역시 '그는 상황이 바뀔 때마다 매우 적절하게 대응해 나갔으며… 때로 그의 생각은 내 허를 찌르기도 했다'고 말합니다.

섀클턴의 인간적인 매력과 풍부한 아이디어는 다른 사람들을 권위적으로 대하며 융통성이 없는 스콧과 큰 대조가 되었을 것입니다. 스콧은 해군 함장 출신이지만 극지방 탐험은 난생처음이었고, 전혀 이질적인 환경에 제대로 적응하지 못했으니까요. 스콧의 리더십이 흔들릴 때 섀클턴은 대원들의 마음을 얻었습니다.

그러나 섀클턴은 남극 탐험 이전, 리더의 경험을 해보지 않았습니다. 그는 젊은 시절 상선의 항해사로 일했고 선장 자격증을 따긴 했지만 실제로 선장을 맡았던 적은 없습니다. 섀클턴이 공식적으로 리더십을 처음 경험한 것은 1902년 2월 19일입니다. 스콧이 본격적인 남극 탐험을 하기 전에 예비탐험을 하도록 3명으로 구성된 소규모 선발대를 구성했는데, 섀클턴에게 리더 역할을 맡겼던 것입니다.

섀클턴이 예비탐험에 나서며 썰매에 매단 깃발에는 "포티튜다인 빈치무스(Fortitudine Vincimus), 인내함으로 승리한다"는 말이 쓰여 있었습니다. 섀클턴 가문에 대대로 내려오는 가훈입니다. 하지만 섀클턴과 함께 남극점을 향해 도전했던 윌슨은 미지의 아내에게 보내는 편지에서 섀클턴에게는 남극 탐험에 필요한 인내심이 부족한 것 같다고 얘기합니다.

섀클턴의 평전을 쓴 롤랜드 헌트포드 역시 섀클턴에게는 어떤 일에 숙달되는데 필요한 인내심이 부족했다고 평합니다. 섀클턴을 경험했던 사람들의 평가를 종합해보면, 섀클턴의 특징은 세 가지입니다. 친절하고 유연하지만, 인내심이 부족하다는 것. 섀클턴의 이러한 특징은 디스커버리호 탐험 이후에 시도했던 세 번의 탐험에서도 계속 되풀이되며 나타납니다.

동료 **반**

섀클턴은 훌륭한 선원이고 좋은 동료였다. 이야기를 잘했고 위트가 있었다.
그는 결코 쓸데없는 마찰을 일으키지 않았다.

동료 **윌슨**

섀클턴은 아이디어가 많고 재치가 있었다.
그는 기억력도 몹시 뛰어났다.

동료 **베르나치**

섀클턴은 다른 사람을 지배하려고 했고, 다른 사람에게 공격받으면
몹시 불쾌하게 생각했다. 그는 거칠고 도전적이었다.

동료 **레지널드 포드**

섀클턴의 성격은 사람마다 말하는 게 너무 달라서
단정적으로 표현하기 어렵다.

주방장 **헤르**

섀클턴은 좋은 것과 싫은 것이 분명하게 드러나는 타입이었다.
감정도 매우 풍부한 것 같다. 평소에 사람들에게 다정하게 대했고
두뇌회전도 빠르고 영리했다. 그는 자신의 감정을 잘 숨기지 못했다.

1907년-1909년 님로드호 탐험
섀클턴의 재도전:
새로운 길 개척

섀클턴은 첫 번째 남극 탐험에서 주변 동료들에게 전반적으로 좋은 인상을 남겼습니다. 하지만 리더였던 스콧에게 낙오자로 낙인이 찍혔고, 베이스캠프로 돌아오자마자 곧바로 본국에 돌아가라는 명을 받았습니다. 불명예 귀국을 한 것입니다. 영국에 돌아온 섀클턴은 절치부심하며 사회적 성공을 얻기 위해 여러 가지 일을 전전했지만, 결과는 좋지 않았습니다.

결국 스콧의 디스커버리호 탐험 3년 뒤, 섀클턴은 자신의 남극 탐험(Nimrod Expedition, 1907년~1909년)을 계획합니다. 섀클턴은 남극을 목표로 한 후, 특유의 사교성과 추진력을 동원해서 단시간에 남극 탐험 준비를 해냅니다. 그는 앞의 탐험에서 겪었던 쓰라린 경험을 바탕으로 스콧의 실수를 자신은 되풀이하지 않겠다고 굳게 다짐했습니다. 스콧이 자기 확신의 악순환에 빠진 것에 비해서, 개선 의지를 바탕으로 더 나은 방법을 찾으려고 했던 것이죠. 그의 개선 의지는 새로운 방법에 대한 호기심으로 이어졌고, 여러 가지 대안을 찾았습니다. 하지만 실험과 검증은 하지 않았습니다. 준비 기간이 너무 짧았던 탓도 있지만, 실험과 검증의 필요성을 알지 못했기 때문입니다. 아래 그림에서 알 수 있는 것처럼, 학습의 선순환에서 중요한 연결고리가 사라진 것입니다. 그러다 보니 실전에서 테스트하게 되었고, 결과는 기대에 못 미쳤습니다. 그는 탐험에 필요한 기금 모금을 마친 후부터 약 7개월 동안 탐험 준비를 서둘렀습니다.

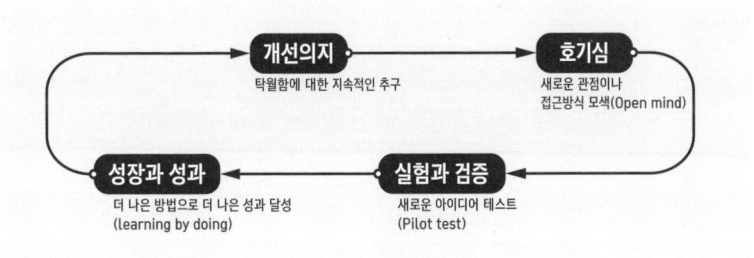

학습의 선순환

섀클턴은 대원을 선발할 때 극지방 탐험 경력을 굳이 원하지 않았고, 주로 아마추어 탐험가나 성격이 좋은 사람들을 선발했습니다. 스콧의 디스커버리호 대원들과 마찬가지로 선발된 사람 중에 스키를 탈 줄 아는 사람은 아무도 없었습니다. 스콧과 한 가지 다른 점은 극지방 탐험에 열정이 있는 사람을 뽑았다는 점입니다. 당연히, 스콧의 남극 탐험(Discovery Expedition, 1901년~1904년)에 함께 참여했던 대원 중에 자신의 탐험대에 합류할 사람도 찾았습니다. 디스커버리호 탐험에 참여했던 사람은 섀클턴을 포함해서 모두 48명입니다. 디스커버리호 탐험이 국가의 지원을 받은 대규모 프로젝트라는 점을 고려하면, 탐험대원들의 자질은 여러모로 우수했을 것입니다.

디스커버리호 탐험을 같이했던 동료들은 그가 리더로 나서는 새로운 탐험에 참여하고 싶었을까요? 리더에 대한 만족도는 다음 세 가지 질문으로 쉽게 알아볼 수 있습니다. 일명 고르디 테스트(Dr. Gordy Test)라고 하는데, 독자 여러분도 잠시 생각해보세요.

Q1. 그동안 몇 명의 상사를 겪었습니까?

Q2. 다시 일하고 싶은 상사는 몇 명입니까?

Q3. 다시 일하고 싶은 이유와 그렇지 않은 이유는 무엇입니까?

리더십 교육에 참가한 리더들에게 앞의 두 가지 질문을 해 보면 다시 일하고 싶은 상사의 비율은 보통 20~30% 정도입니다. 상사가 자신의 성과와 성장에 도움을 주는 경우가 그다지 많지 않기 때문입니다. 참 이상합니다. 리더십에 관한 숱한 교육과 개발 프로그램에도 불구하고 다시 일하고 싶은 상사는 왜 소수일까요? 리더십 교육에 참가한 리더들도 마찬가지입니다. 다면 평가 결과를 피드백하면, 많은 리더들이 깜짝 놀랍니다. 자신은 좋은 리더라고 생각하는데, 부하 직원들의 인식은 그렇지 않아서입니다.

섀클턴은 이전 탐험에서 동료들과 두루 관계를 맺었고, 평판도 좋았기 때문에 어느 정도 기대를 가지고 대원들을 찾아갔을 것입니다. 섀클턴은 7명(해군 출신 마이클 반 Michael Barne, 레기날드 스켈톤 Reginald Skelton, 조지 뮬럭 George Mulock, 의사 웨드워드 윌슨 Edward Wilson, 아미티지 Albert Armitage, 호드그손 Thomas Vere Hodgson, 페라르 Hartley Ferrar 등)을 찾아가서 탐험을 같이하자고 제안하지만 거절당합니다. 섀클턴이 스콧과 함께 나섰던 남극점 탐험에서 돌아온 후, 스콧의 미움을 받아서 본국에 남보다 먼저 돌아갔고, 스콧이 조만간 후속 탐험에 나설 것이라는 기대가 컸기 때문일까요?* 다행히도 프랭크 와일드(Frank Wild)와 어니스트 조이스(Ernest Joyce) 등 2명은 섀클턴의 요청을 받아들입니다.

섀클턴은 난센을 찾아가서 자신의 계획을 상의했습니다. 난센은 7개월은 남극 탐험 준비에 너무 부족한 시간이라며, 아문센은 최소 2년 이상을 치밀하게 준비했다고 말했습니다. 그러나 오랜 기간 탐험 준비를 하는 것은 섀클턴의 스타일이 아니었습니다.

---

* 스콧은 디스커버리호 탐험을 마치고 1년이 지나서 회고록을 출간했다. 그는 탐험을 함께 했던 대원들에게 회고록을 한 권씩 보내면서 몇 명에게는 다시 남극으로 떠날 때 합류해 달라는 요청을 적은 편지를 동봉했다. 마이클 스미스, 앞의 책, p.93

그는 스키와 썰매 개를 이용해서 난센이 그린란드를 횡단했고 아문센이 북서항로를 개척했다는 것도 중요하게 생각하지 않았습니다. 그는 섀클턴이 디스커버리호 탐험에서 돌아온 후 쓴 회고담에 '만약 썰매 개를 더 많이 데려갔더라면 남극점을 정복할 수 있었을 것'이라고 썼습니다. 하지만 그의 생각은 곧 바뀌었습니다.

섀클턴은 스키를 능숙하게 탈 때까지 참아낼 인내심이 없었고, 차라리 걸어서 남극점까지 갔다 올 생각을 했습니다. 그는 극지방 탐험에 말을 사용할 수 있다고 주장하던 영국인 프레데릭 잭슨(Frederick Jackson)을 찾아가서 남극에 말을 가지고 가는 것을 상의했습니다. 잭슨은 잭슨-함스워드(Jackson-Harmsworth) 탐험대의 리더였는데, 북극 탐험에 나섰다가 조난을 당한 난센을 1896년 6월 17일에 플로라봉(Cape Flora)에서 우연히 만나 구조했습니다. 그는 그곳에서 남극 탐험에서 말을 사용할 수 있는지에 대해서 반대 입장인 난센과 나흘 동안이나 토론을 벌였다고 합니다. 난센은 남극이 그린란드의 얼음판처럼 평평하고, 북극의 얼음층처럼 서로 분산되어 있지 않기 때문에 스키와 썰매 개가 효과적이라고 생각했습니다.

잭슨은 프란츠 조세프 랜드에서 극지방 탐험에 말이 사용될 수 있는지 3년 동안 테스트를 했습니다. 잭슨은 북극 지방의 테스트를 통해 말이 무게 때문에 눈에 파묻히기 쉽고, 행여나 크레바스에 빠지면 끌어올리는 것이 썰매 개보다 훨씬 어렵다는 것을 알았습니다. 그리고 말의 피부가 항상 젖어 있다 보니 극지방에서 몸이 얼어붙지 않도록 계속 움직여야 하고, 극지방에서 썰매 개보다 적응력이 좋지 않다는 것도 알게 되었습니다. 그런데도 그는 말이 개보다 낫다고 생각했습니다. 아마, 영국인이라서 스키와 썰매 개에 능숙해지는 것보다는 말을 이용하는 것이 더 쉬운 방법이라고 생각했는지도 모르겠습니다.

난센이 보기에 말을 이용하는 아이디어는 말도 안 되는 것이었지만, 영국인들은 가능하다고 여겼고, 섀클턴도 마찬가지였습니다. 섀클턴은 디스커버리호 탐험대에서 썰매 개의 책임자였던 자신이 실패했다는 사실을 다시 기억하거나 반복하고 싶지 않았습니다. 그는 개보다 말이 낫다는 생각을 실천에 옮겼습니다. 섀클턴은 홍콩-상하이 은행을 통해 말 12마리를 수입했습니다. 말을 데리고 가면서 수의사를 데려가지 않은 것은 함정이었죠. 섀클턴이 남극점에 도달하기 위한 계획을 밝히자 타임스는 1907년 2월 12일에 이렇게 보도합니다.

'(섀클턴은) 만일 디스커버리호의 남쪽 썰매팀이 장비를 충분히 갖추었다면 훨씬 더 높은 위도까지 갈 수 있었다고 주장하고 있다. 따라서 이번 새로운 탐험대는 개들뿐 아니라 시베리아산 조랑말도 데려갈 것이라고 한다. 개와 조랑말이 여행하게 될 육지나 얼음 표면은 이러한 썰매 여행 방법에 대단히 적합할거라고 한다.'

섀클턴은 또한 자신을 후원했던 윌리엄 비어드모어가 최근에 인수한 모터 제조 공장을 돕기 위해서 남극 탐험에 모터 썰매를 사용하기로 했습니다. 모터 썰매가 남극 탐험에 사용되면 모터카 판촉에 큰 효과를 기대할 수 있을 테니까요. 섀클턴은 모 잡지사와 인터뷰를 할 때, 모터 썰매는 적합한 환경만 조성되면 하루 24시간 동안 240km도 충분히 갈 수 있다고 얘기했습니다. 물론 적합한 환경은 그 후 한 번도 조성되지 않았지만 그것을 알 리 없는 섀클턴은 남극 비슷한 환경에서 테스트도 하지 않고, 모터 썰매를 남극으로 가져갔습니다. 노르웨이의 한 신문은 모터카가 딱딱한 얼음 위에서는 효과적이지만 눈 속에서는 바퀴가 파묻히거나 크레바스에 빠지기 쉽다고 지적했습니다. 그러나 당시 영국인들처럼 섀클턴 역시 영국이 세계 최고라는 오만함에 젖어 있었기 때문에 외국인의 관점이나 조언은 무시해버렸습니다.

섀클턴은 눈 속에서 행군하는 것을 극복해야 할 일로 여겼고, 대신 다른 방법을 개선하려고 했습니다. 그는 간편하면서도 영양가 높은 페미컨과 단백질이 강화된 비스킷을 특별히 준비했고, 슬리핑백도 가볍고 방한 효과가 좋은 순록 모피로 새로 마련했습니다. 방한복과 텐트는 디스커버리호 당시와 같았지만, 2인용 텐트를 가져가서 좀 더 편한 생활이 가능하도록 했습니다. 그는 출항 직전 마지막 순간에 난센의 충고를 받아들여서 썰매 개 9마리를 구입했습니다. 물론 썰매 개를 다룰 줄 아는 사람이 아무도 없었지만요.

섀클턴은 마침내 1907년 8월 님로드호를 타고 탐험대 대장(만 33세)으로 두 번째 대장정에 오릅니다. 그는 디스커버리호 탐험 당시 스콧이 풍선을 띄웠던 베리어 인렛에 상륙하려고 했습니다. 그곳은 스콧이 베이스캠프를 설치했던 맥머도 해협보다 남극점에 200km 정도 가까운 곳이었습니다. 훗날 아문센이 베이스캠프를 설치한 곳 부근입니다. 그러나 섀클턴은 베리어 인렛에 배를 정박할 만한 곳을 찾지 못했고 할 수 없이 맥머도 해협으로 갔습니다.

디스커버리호 탐험과 비교했을 때 섀클턴은 몇 가지를 개선하거나 보완했습니다. 그는 스키와 썰매 개 대신에 조랑말과 모터 썰매를 대안으로 생각했습니다. 음식과 침낭을 일부 개선했습니다. 무엇보다 섀클턴이 가장 중요하게 생각했던 것은 자신이 리더가 되는 것이었고, 대원들이 강한 열정과 의지가 있어야 한다는 점이었습니다. 탐험의 방법보다는 자신의 리더십과 탐험 대원들의 의지에 의존했던 것입니다. 이것은 준비 기간이 짧아서 생기는 여러 문제를 의지로 극복하려고 했다는 점에서 스콧과 별반 다르지 않았습니다.

마츤
Marston

데이비드
David

모슨
Mawson

맥케이
Mackay

머레이
Murray

아미티지
Armytage

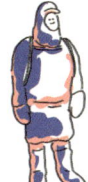
로버츠
Roberts

매킨토시
Mackintosh

섀클턴
Shackleton

아담스
Adams

와일드
Wild

마샬
Marshall

조이스
Joyce

브로클허스트
Brocklehurst

데이
Day

프리슬리
Priestley

섀클턴 님로드호 탐험 대원

그러나, 섀클턴의 리더십은 확실히 스콧과 달랐습니다. 그는 대원들을 권위적으로 대하지 않았고, 위임할 줄도 알았습니다. 또한 의사결정도 신속했고, 즐겁고 공감하는 분위기를 만들었습니다. 그는 대원들에게 정신적 지주로서 당당한 면모를 보여주었고, 대원들의 귀감이 되었습니다. 하지만 대원들에게 전폭적으로 인정받는 리더는 아니었습니다. 그가 때로는 대원들에게 짜증을 부리고, 심하게 화를 내기도 했으니까요. 대원들이 진정으로 믿고 따를 수 있는 리더는 아니었던 것이죠.

괴혈병에 대한 대처는 스콧보다 나았습니다. 탐험대의 의사 마샬은 남극을 향해 떠날 즈음에 노르웨이 의사 액셀 홀스트와 테오도어 프롤리히가 위생학 잡지에 실은 괴혈병의 원인에 대한 글을 읽었습니다. 괴혈병은 신선한 음식을 먹지 못하면 발병하는데, 괴혈병은 일종의 결핍에 의해서 나타나며, 이 성분은 오래 가열하면 파괴된다고 했습니다. 음식을 고온에서 살균하면 괴혈병을 예방할 수 있다는 기존의 상식과 반대였습니다. 마샬은 이 연구 결과에 동조했고, 뉴질랜드에서 캔이나 병에 보관된 계절 과일을 충분히 구입했습니다. 그리고 신선한 물개고기를 더 많이 먹을 것을 섀클턴에게 권했는데, 오늘날 하루 비타민C 권장 섭취량의 두 배 이상을 대원들에게 제공했다고 합니다.

모터 썰매는 만약 계획대로만 된다면 탐험에 큰 성공 요인이 되었을 것입니다. 그러나 모터 썰매는 제대로 작동하지 않았습니다. 눈 속에 파묻혀서 전혀 전진을 못 한 것입니다. 24시간에 240km를 진군하겠다는 계획도 허사가 되었습니다. 그런 상황에서 섀클턴은 겨울 동안 썰매 개 훈련과 스키 타는 법에 대해서는 별로 관심이 없었습니다.

남극점 탐험에 나선 와일드, 섀클턴, 마샬, 아담스

1908년 11월 3일, 섀클턴은 와일드, 마샬, 아담스와 함께 남극점을 향한 여정을 시작했습니다. 섀클턴은 91일간의 식량을 준비했습니다. 남극점을 다녀오려면 하루에 26km 이상 전진해야 했죠. 조랑말은 눈 속에서 허우적거렸지만 사람이 직접 썰매를 끄는 것보다는 나았습니다. 디스커버리호 탐험 때처럼 짐을 왕복해서 나르느라 같은 길을 세 번 걸을 필요가 없어졌으니까요. 계획했던 것보다는 느렸지만, 스콧보다는 확실히 빨랐습니다. 그는 스콧이 59일 만에 도착한 곳을 불과 29일 만에 돌파했습니다. 섀클턴은 하루 평균 23km의 속도로 행군하면서 과거 스콧이 행군했던 것보다 하루에 12km 이상씩 더 나아갈 수 있었습니다. 하지만 조랑말이 하나둘 죽고, 비어드모어 빙하 지대의 경사길에 들어서자 행군 속도는 느려졌습니다. 경사가 급한 곳에서는 하루에 12km를 갔고, 경사가 완만해진 후로는 하루에 15km 정도씩 행군했습니다. 가장 많이 행군한 날도 18km에 불과했습니다.

섀클턴과 그의 일행은 마침내 1909년 1월 9일에 남위 88° 23분, 기존 기록을 깨고 최남단 지점에 도달했습니다. 종전에 스콧이 세웠던 최남단 기록에서 약 600km 이상 더 나아갔고, 남극점으로부터 불과 155km를 남겨둔 지점이었죠. 섀클턴은 20kg의 식량만 있었더라면 충분히 남극점 도달도 가능했을 것이라고 아쉬워했습니다.

미국 미시건 대학의 데이브 울리히 교수는 리더가 낯선 환경에 적응하는 것을 학습 민첩성(learning agility)으로 표현합니다.* 그는 리더들이 비록 처음에는 구체적인 청사진이 없는 상태에서 방향성을 모색하지만, 그 방향성이 점차 명확해지면, 실행과 개선을 거듭하면서 더 나은 방법을 찾아낼 수 있다고 얘기합니다.

'자신이 경험하지 못한 새로운 세계를 만났을 때 결코 두려워해서는 안 된다. 오히려 호기심을 갖고 새로운 세계를 맛보려는 마음가짐을 갖추는 것이 중요하다. 극복이나 도전 같은 말은 멋지고 그럴싸하게 들리지만 낯선 환경에 적응하는 데는 아무짝에도 쓸모가 없다. 물론 무언가를 성취하기 위해 어려움을 극복하려는 자세도 어떤 의미에서는 중요하지만 그런 긴장감은 결코 오래가지 않는다.'**

---

* Dave Ulrich & Norm Smallwood, 'Leadership sustainability: seven disciplines to achieve the changes great leaders know they must make', McGraw-Hill Education, 2013, p.168 | ** 우에무라 나오미, '우에무라 나오미의 모험학교', 김성연 옮김, 바다출판사, p.295

섀클턴, 와일드, 아담스, 마셜이 최남단 지점에
도달한 기념으로 마셜이 찍은 사진.

그렇다면 섀클턴은 남극 탐험이라는 방향성을 설정한 후에 지속적으로 더 나은 방법을 찾아낸 것일까요? 섀클턴을 스콧과 비교하면 이전 경험을 바탕으로 여러 가지 방법을 개선했다는 점에서 학습 능력이 뛰어납니다. 하지만 섀클턴을 다시 아문센과 비교하면 학습 능력이 많이 떨어집니다. 섀클턴의 학습 능력은 아이디어에 머물렀지만, 아문센은 극지방에서 직접 경험을 해보며 극지 탐험에 필요한 기술을 익혔으니까요. 섀클턴 역시 당시 영국인들이 가지고 있던 폐쇄성을 벗어나지 못했다고 볼 수 있습니다.

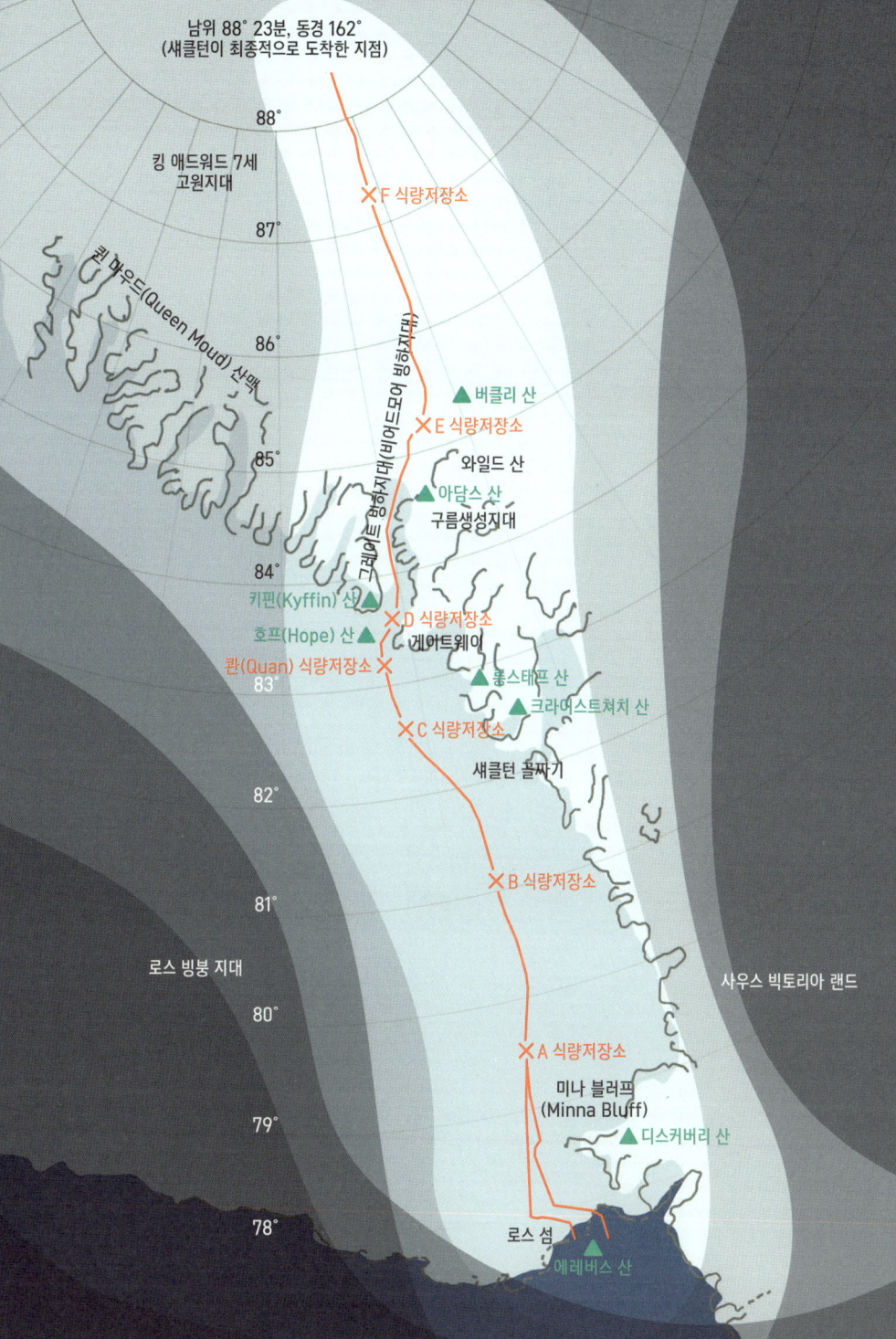

1910년-1912년 테라노바호 탐험

아문센이 스콧의
단독 도전에 몰래 끼어들다

섀클턴이 남극점 근처에 도달하고, 그 과정을 세상에 공개하자 남극점 정복은 이제 시간 문제로 여겨졌습니다. 남극점에 갈 수 있는 약 90%의 로드맵이 세상에 알려졌으니까요.

섀클턴의 님로드호 탐험이 끝난 뒤, 스콧이 다시 남극 탐험(Terra-Nova Expedition, 1910년~1912년)을 준비하자, 8천 명의 지원자가 모여들었습니다. 스콧은 그중에서 65명을 선발했는데, 약 123대 1의 경쟁률입니다.* 이 중에 스콧의 디스커버리호 탐험에 참여했던 대원들은 7명(윌슨, 톰 크린, 에드가 에반스, 빌 래실리, 윌리엄슨, 윌리엄 힐드 등), 그리고 섀클턴의 님로드 탐험에 참여했던 대원은 5명(버나드 데이 등)이었습니다. 섀클턴이 남극점에 이르는 대부분의 길을 개척했다는 것과 스콧이 대규모 탐험대를 조직한다는 점을 고려하면 당시 남극점 정복은 누가 봐도 성공이 확실해 보였을 것입니다. 그만큼 많은 사람들이 탐험과 성공의 기쁨을 경험하고 싶었을 테죠.

1910년 6월 테라노바호는 남극점을 향한 탐험을 시작했습니다. 스콧은 남극점 정복이 오직 자신과의 싸움이라고 생각했습니다. 당시 노르웨이의 아문센이 북극으로 향하는 줄 알았기 때문입니다. 테라노바호가 그해 10월 12일에 호주 멜버른에 도착했을 때, 전보 한 통이 스콧을 기다리고 있었습니다. 아문센이 보낸 통지문이었는데, 자신들이 남극 대륙을 향해 가고 있다는 소식이었습니다. 아문센이 자신의 형 이외에 프람호를 빌려준 난센과 자신의 탐험에 참여하는 대원들, 그리고 스콧을 포함한 세상 모든 사람을 속였던 것입니다. 아문센은 북극 탐험을 한창 준비하다가 피어리가 먼저 북극점을 정복했다는 소식을 듣자, 남극점 정복으로 목표를 수정했습니다.

---

* 테라노바호의 탐험 대원은 스콧을 제외하고 총 31명이었다. 마이클 스미스, 앞의 책, p.101

하지만 아문센은 남극점을 목표로 하고 있다는 사실을 오랫동안 비밀로 했고, 남극을 코앞에 둔 상황에서 비로소 자신도 남극점 도달을 목표로 하고 있다는 사실을 세상에 알렸습니다.

아문센과 스콧의 경쟁이 세상에 알려지자, 영국의 '데일리 메일'은 섀클턴에게 남극에 누가 먼저 도착할 것인지 글을 써 달라고 요청했습니다. 섀클턴은 노르웨이 사람들의 뛰어난 스키 기술과 썰매 개 조종 실력을 고려하면 아문센이 매우 빠른 속도로 나아갈 것이라고 글을 썼습니다. 남극에서 스키와 썰매 개가 효과적이라는 사실을 섀클턴도 알고 있었던 것입니다. 섀클턴은 아문센이 남극점 탐험에 성공한 후 1912년 11월 중순에 영국에서 기념 강연을 할 때, 아문센의 뒤를 이어 보조 강연을 했습니다. 그는 아문센의 성공이 결코 운이 좋아서가 아니라 철저한 사전 준비와 효율적인 탐험계획 덕분이라고 얘기했습니다. 그는 천성적으로 노르웨이 사람들이 스키도 잘 타고 썰매 개도 아주 잘 다루는 것이 남극의 고원지대와 눈 덮인 벌판에서 아주 효과적이었을 거라고 얘기했습니다. 반면에 말이 눈 속에 푹푹 빠져드는 것을 억지로 끌고 가는 스콧은 느릴 수밖에 없었을 거라는 점도 얘기했습니다. 남극 대륙의 경쟁에서 무엇이 핵심인지 알고 있었던 것이죠.

왼쪽은 스콧, 오른쪽이 아문센.
둘의 복장 차이를 보면 아문센의 준비 수준을 알 수 있다.

경쟁에 나선 스콧과 아문센의 필살기는 무척 달랐습니다. 아문센은 썰매 개와 스키에 의존했지만, 스콧은 바로 직전 탐험에서 섀클턴이 사용했던 조랑말과 모터 썰매를 그대로 따라 했습니다. 섀클턴이 사용했지만 별로 효과적이지 않거나 실패했던 방법을 따라 했다는 것은 그의 무능함을 보여주는 상징처럼 보입니다.

스콧은 왜 섀클턴이 사용한 조랑말과 모터 썰매를 따라 했을까요? 스키와 썰매 개를 이용하지 않은 이유는 무엇일까요? 남극점 정복에 집중하지 않고 과학 탐사에 시간을 낭비한 이유는 무엇일까요?

섀클턴의 탐험기록은 공개된 기록물인데, 누구보다 성공을 갈망했던 스콧이, 그리고 남극점 정복의 어려움을 직접 겪어봤던 스콧이 섀클턴이 간 길로 가면서 섀클턴이 시도했던 모터 썰매와 조랑말의 실패를 왜 되풀이했을까요?

하지만 스콧의 상황을 모르면서 그를 어리석다고 비난하면 우리 역시 기본적 귀인 오류에 빠지는 것입니다. 그가 섀클턴의 방식을 되풀이한 이유를 그의 관점과 맥락에서 곰곰이 생각해 보면 한가지 추정을 해 볼 수 있습니다. 그것은 스콧이 섀클턴의 방식을 실패라고 생각하지 않았다는 것입니다. 스콧은 섀클턴이 남극점 도달에 실패한 것은 이동 방법의 문제가 아니라 식량이 부족했기 때문이라고 생각했을 것입니다. 스콧은 영국인이라서 섀클턴과 마찬가지로 스키와 개 썰매를 경험할 기회가 없었습니다. 현역 해군이었기 때문에 스키와 개 썰매를 연습할 시간도 없었습니다.

대신, 식량만 넉넉히 가져간다면 섀클턴의 방법을 되풀이해도 충분히 남극점에 도달할 수 있다고 생각했을 것입니다. 그는 영국 정부가 중시하는 과학탐사도 충실히 해야 했기 때문에 속도는 우선순위가 아니었습니다. 스콧이 과학탐사에 상당한 노력을 기울인 것은 영국 정부가 남극점 정복에 막대한 규모의 비용과 인력, 그리고 물자를 동원하는 것은 그다지 의미가 없다고 생각했기 때문입니다. 영국 정부는 남극점이 아니라 과학탐사가 더 원대하고 의미 있는 목표라고 여겼고, 영국 왕립지리학회는 다음과 같은 문서를 발표했습니다.

'만약 스콧이 단순히 97마일 남은 행군을 완수하기 위해서 섀클턴이 갔던 길을 다시 답습할 탐험대를 꾸려 섀클턴과 경쟁한다면 이는 큰 실수를 범하는 것이다. 왕립지리학회 고문위원회는 이러한 탐험에 반대한다는 입장을 천명한다. 스콧이 학문적인 성격을 띤 탐험을 하는 경우에만 우리는 탐험을 지지할 것이다.'*

스콧으로서는 남극점과 과학탐사라는 두 마리 토끼를 쫓아야 했던 것입니다. 두 가지 목표를 달성하는 것이 힘든 것은 맞지만, 불가능한 것은 아닙니다. 과학탐사는 전에도 해 본 적이 있고, 남극점에 가는 로드맵도 갖고 있으니까요. 단독 경주이니까, 시간에 쫓기는 것도 아닙니다. 탐험이 가능한 남극의 여름 기간을 충분히 활용하면 됩니다. 스콧은 11월 초에 출발해서 3월 말에 돌아오는 계획을 수립했습니다.

---

* 라이너 랑너, 앞의 책, p.127 | ** 영화 '독수리 에디(Eddie the Eagle)'에서 스키 점프 선수가 되고 싶었던 에디는 독일에 있는 스키 훈련장에서 무작정 훈련을 시작한다. 같은 훈련장에서 연습 중이던 노르웨이 선수는 에디에게 언제 스키를 시작했냐고 물으면서 이렇게 비아냥거린다. 노르웨이에서는 여섯 살 때부터 스키를 시작하는데 과연 우리랑 경쟁이 되겠냐고. 에디는 1988년 캘거리 동계 올림픽에 영국의 스키 점프 선수로 출전했고, 70m와 90m 두 종목에서 모두 꼴찌를 기록한다. 노르웨이는 역대 스키 점프의 올림픽 메달 집계에서 금메달 수로는 핀란드 다음으로 2위, 전체 메달 수 합계로는 1위를 차지한 스키 강국이다. 영국은 아직까지 메달을 얻지 못했다. 자료출처: 위키피디아

반면에 아문센(Roald Amundsen, 1872년~1928년)은 노르웨이 출신으로 어렸을 때부터 스키를 탔습니다. 노르웨이는 걸음마를 할 때부터 스키를 탄다는 나라입니다.** 더구나 아문센은 어렸을 때부터 극지 탐험을 자신의 소명으로 생각하고 준비해 왔습니다. 그는 1897년~1898년에 벨지카호를 타고 남극에서 겨울을 보냈습니다. 1903년~1906년 사이에는 영국 항해사들이 3세기 동안 도전했던 북서항로를 처음으로 개척하여 큰 명성을 얻었습니다. 그는 썰매 개가 아주 유용하다는 것도 일찍부터 알고 있었습니다. 국가의 대규모 지원을 받지 않았기 때문에 굳이 과학탐사에 시간을 낭비할 필요도 없었습니다. 남극점 도달이라는 한 가지 목표에만 집중할 수 있었던 것이죠. 그래서 탐험대는 소수의 베테랑으로만 구성했습니다. 개 썰매 전문가인 스베르 하셀(Sverre Hassel)과 헬메르 한센(Helmer Hanssen), 크로스컨트리 스키 선수이자 스키점프 선수로 대회 우승 경력이 있는 올라프 비얄란(Olav Bjaaland), 난센과 북극점까지 다녀온 히얄마르 요한센(Hjalmar Johansen) 등이 대표적입니다. 아문센은 개를 120마리 데리고 남극에 갔습니다.

이러한 상황을 고려해보면 스콧을 아문센과의 경쟁에서 지고 죽음을 자초한 실패한 리더로 보는 것은 너무 지나치다는 것을 알 수 있습니다. 특히나, 두 사람은 애초에 경쟁 관계가 아니었습니다. 스콧은 과학탐사와 남극점 도달을 계획된 시간 내에 끝내는 철인 2종 경기를 했고, 아문센은 남극점 도달만 목표로 하는 F1 레이싱 경기를 했으니까요. 그래서 스콧은 역대 가장 많은 과학자를 데려갔지만 아문센은 과학자를 한 명도 데려가지 않고 스키 선수들로 팀을 꾸렸던 것입니다.

두 사람의 이러한 차이는 남극점 도달의 속도 차이로 나타났습니다. 노르웨이 탐험대는 썰매 개를 이용해서 하루에 5시간을 달렸고, 일평균 30km 이상을 이동했습니다. 반면에 사람이 직접 썰매를 끌었던 영국 탐험대는 하루에 10~12시간 동안 이동했지만 1인당 90kg을 끌다 보니 하루에 20km를 가면 아주 잘 가는 것이었고, 최악의 경우 5~6km 밖에 못 가는 날도 있었습니다. 아문센 팀은 차를 타고 갔는데 스콧 팀은 차를 끌고 간 것이나 다름없었죠. 속도의 차이 때문에 도착 시점도 크게 벌어졌습니다. 아문센은 1911년 10월 20일에 출발해서 1911년 12월 14일에 남극점에 도착합니다. 스콧은 1911년 11월 1일에 출발했고 다음 해 1월 17일에 도착합니다. 아문센이 남극점에 도착하는 데 56일 걸렸는데, 스콧은 78일이 걸렸습니다. 아문센보다 스콧이 22일 늦은 것입니다. 그 차이만큼 스콧은 아문센보다 식량과 물품을 더 (싣고 가는 것이 아니라) 끌고 가야 했고 더 혹독한 고생을 했고 더 위험에 노출되었습니다.

역사적으로도 스콧에 대한 평가는 시기에 따라 달랐습니다. 스콧이 남극점 경쟁에서 아문센에게 뒤지고 귀환 도중에 사망했음이 알려지자, 영국인들은 스콧과 탐험대의 업적을 과학탐사에서 찾았습니다. 아문센도 자신의 남극점 도전을 다룬 책에서 자신은 남극점 도달을 목적으로 했지만, 스콧은 전적으로 과학적인 연구를 추구했다고 두 탐험대의 차이를 설명하고 있습니다.

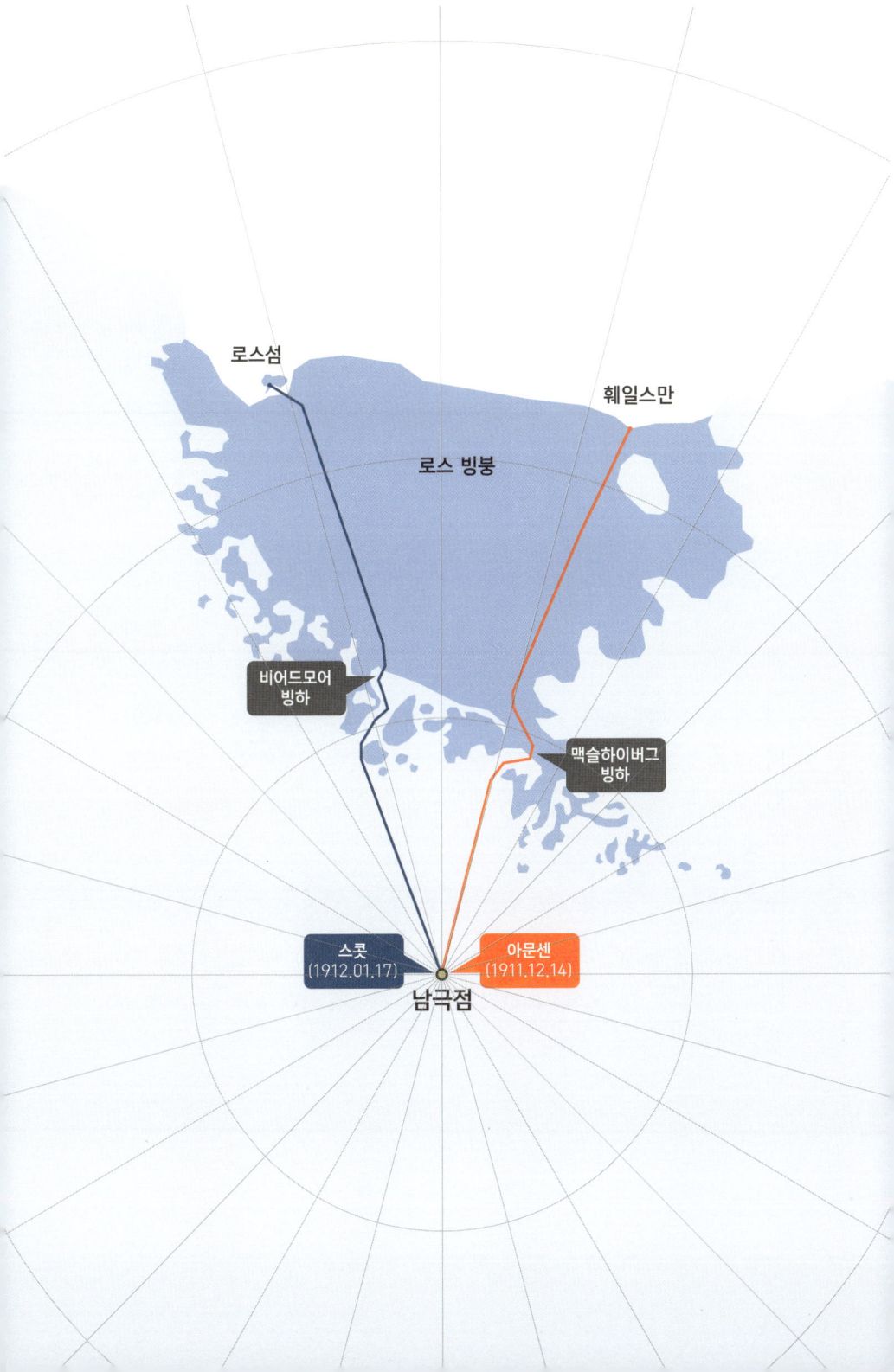

그러나 당시의 맥락을 무시하고, 오직 남극점 도달이라는 기준으로 스콧과 아문센을 바라보면, 스콧은 실패자이고 아문센은 승리자로 보입니다. 아래 인용 글은 당시의 맥락을 고려하지 않고 단순히 남극점 정복이라는 기준만으로 두 사람의 리더십을 평가한 대표적인 사례입니다.[*]

아문센과 스콧의 사례는 고정관념의 차이가 어떤 결과를 낳는지 잘 보여주고 있다. 1911년에 노르웨이의 아문센이 이끄는 탐험대와 영국의 스콧이 이끄는 탐험대가 남극점에 최초로 도달하는 경쟁을 펼쳤다. 아문센이 남극 환경에 적응할 수 있는 방법을 철저하게 연구하고 준비한 것과 달리, 스콧은 남극에 처음 갔던 기존의 탐험으로부터 제대로 학습하지 못하고, 첫 탐험의 실패를 대원과 환경 탓으로 돌렸다. 스콧은 개썰매에 의지하기보다 극도의 육체적 고난을 감수하고 남극의 위험한 환경을 극복하는 것이 용기 있는 행동이라고 여겼다. 스콧은 모터 썰매와 러시아산 망아지를 이끌고 탐험에 나섰다. 그러나 베이스캠프를 떠난 지 며칠 만에 모터 썰매는 멈췄고, 망아지들은 죽어 나갔다. 대원들은 직접 무거운 썰매를 끌면서 눈보라와 추위와 굶주림으로 고통받았다. 그들은 겨우 남극점에 도착했지만 결국 혹한과 굶주림으로 모두 죽음을 맞이했다.

이처럼, 당시의 맥락을 무시하고 스콧을 비난하는 것은 일부 저자들만의 문제는 아닙니다. 결과는 알지만 상황을 모를 때, 가장 손쉬운 방법이 상대를 비난하는 것이니까요. 그래서 이것을 기본적 귀인 오류라고 표현하는 것이죠.

---

[*] 도널드 설 외, '심플, 결정의 조건: 옛 규칙에 사로잡힐 경우의 문제'에 소개된 내용이다.

반면에 스콧의 상황을 이해하면, 그가 남극점 도달과 과학탐사에 모두 성공하기 위해서 나름 세밀한 계획을 수립했다는 것을 알 수 있습니다. 조랑말과 모터 썰매는 어느 정도 역할만 하면 충분했습니다. 나머지는 그가 자신하는 의지력으로 감당하면 되니까요.

스콧은 섀클턴의 님로드 탐험대에서 모터 썰매를 관리했던 버나드 데이(Bernard Day)를 선발해서 그에게 모터 썰매를 맡겼습니다. 모터 썰매는 시속 5.6km 속도로 장비 1t을 운반할 수 있었습니다. 느리긴 했지만 사람들의 수고를 줄여주는 데 도움이 될 터였습니다. 스콧은 조랑말을 이용해서 보급품을 로스 빙붕 끝까지 운반하여 사람들이 썰매를 왕복으로 이동하는 일을 줄이려고 했습니다.*

스콧은 시베리아산(産) 조랑말을 구입했고 두 명의 러시아인 안톤 오멜첸코(Anton Omelchenko)와 디미트리 게로프(Dimitri Gerof)를 대원으로 합류시켜서 조랑말들을 돌보게 했습니다. 그는 출발 직전에 난센과 상담한 후 스키 전문가 트리그비 그란(Tryggve Gran)을 탐험대에 합류시키기도 했습니다. 남극 탐험에 그전까지 알려져 있던 모든 방법을 동원했던 스콧은 시베리아 조랑말 19마리와 개 30마리, 그리고 모터 썰매 3대를 준비해서 남극 탐험을 떠났습니다. 말과 개, 그리고 모터 썰매의 숫자에서 알 수 있듯이 그가 이동 수단으로 가장 의지했던 것은 말이었습니다.

---

* 스콧은 대원 중에 말 전문가인 오츠 대신 말을 잘 모르는 미어스를 러시아에 보내 조랑말을 사 왔다. 오츠는 미어스가 사 온 말을 보고 깜짝 놀랐는데 늙고 다 죽어가는 상태였기 때문이다. 조랑말들은 보급품 저장소를 설치하는 과정에서 제 역할을 못했고, 마지막 저장소는 원래 계획했던 곳보다 48km 떨어져 있는 곳에 설치되었다. 마이클 스미스, 앞의 책, p.121.

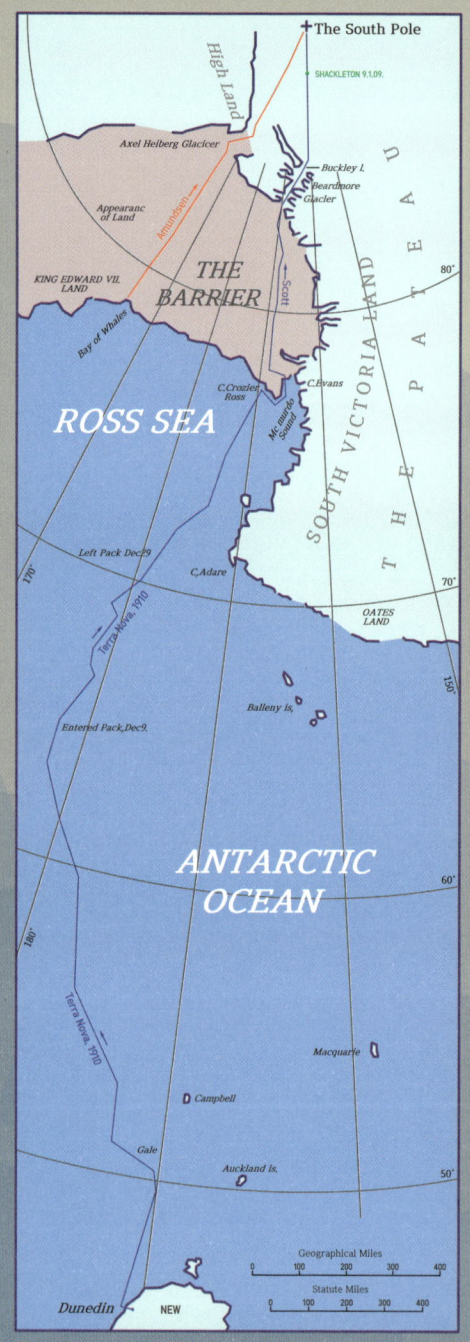

테라노바호의 탐험 루트

테라노바호는 1911년 1월 4일에 남극대륙에 도착했고, 대원들은 월동 준비와 탐험에 대비한 보급품 저장소를 만들기 위해서 무척 바쁜 시간을 보냈습니다. 보급품 저장소는 모두 세 곳에 만들려고 했습니다. 해안에서 로스 빙붕 내륙 쪽으로 3.2km 지점, 허트포인트에서 56km 떨어진 지점, 그리고 에반스 곶에서 274km 떨어진 남위 80° 지점이었습니다. 하지만 남위 80° 지점에 설치하려던 저장소는 조랑말이 너무 힘겨워해서 원래 계획보다 조금 못 미친 곳에 설치하였습니다.

그해 5월 8일 스콧은 대원들에게 탐험 일정과 계획을 소개했습니다. 그는 총 144일 정도 탐험을 한 후, 허트포인트에는 3월 27일에 돌아올 것으로 추정했습니다. 남극점 정복에 나서는 대원들이 5개월간 썰매를 끄는 일정이었는데, 편도로 빙붕 위에서 640km, 3,000m 높이의 비어드모어 빙하에서 193km, 남극 고원에서 563km를 갔다가 다시 돌아오는 대장정이었습니다. 일 인당 최대 90kg의 짐을 말이 끌거나 사람이 직접 끄는 방식으로 하루에 약 20km씩, 왕복 총 2,896km를 가는 엄청난 여정이었습니다.

스콧은 대원 16명을 선발한 후 모터 썰매팀, 조랑말팀, 개 썰매팀, 사람이 끄는 썰매팀 등 네 팀으로 구분했고 복잡한 동선을 짰습니다. 탐험대의 유일한 노르웨이 사람이었던 그란은 스콧이 개를 이용하지 않는 것에 대해서 심한 의구심을 가질 정도로 개 썰매의 역할은 낮았습니다.

1911년 10월 24일 보급품 저장소 설치를 위해 모터 썰매팀이 먼저 출발했습니다. 그러나 모터 썰매는 7일 동안 82km밖에 이동하지 못한 채 완전히 작동을 멈추었고, 모터 썰매에 실었던 대부분의 장비는 눈밭에 묻어야 했습니다. 나머지 짐은 사람들이 직접 썰매에 싣고 끌기 시작했습니다. 11월 1일에는 스콧의 지휘하에 나머지 12명이 남극점에 영국 국기를 꽂기 위해 베이스캠프를 출발했습니다.

12월 20일, 남극점까지 480km를 남겨둔 지점에서 스콧은 12명 중에서 4명을 먼저 돌려보냈습니다. 다음 해 1월 3일, 남극점까지 240km를 남겨두고 스콧은 마지막 선택을 했습니다. 자신과 함께 갈 사람으로 윌슨, 오츠, 에드가 에반스, 보워스를 선발한 것입니다. 이것은 원래 예정에 없던 결정이었습니다. 남극점 정복은 4인조 팀을 전제로 모든 것이 계획되어 왔는데 갑자기 1명이 더 늘어난 것입니다. 1명이 더 늘면서 이동 시간은 더 지체될 것이 뻔했습니다. 스콧이 왜 예정에 없던 인원을 추가했는지에 대해서 역사학자들 사이에 오랜 논쟁이 있었지만 뚜렷한 결론이 나지는 않았습니다. 일부 사학자는 스콧이 겁을 먹고 당황한 상태에서 사람을 추가한 것이라고 생각하기도 했습니다.* 스콧의 극점팀은 1912년 1월 9일, 위도 88° 25분 위치에 다다랐습니다.

섀클턴의 종전 기록을 이틀 단축하며 돌파한 것입니다. 애초에 아문센이 아니라 섀클턴의 종전 기록을 경쟁으로 생각했던 스콧은 계획대로 길을 가고 있었습니다. 스콧은 마침내 1912년 1월 17일, 남극점에 도착했습니다. 11월 1일에 베이스캠프를 출발한 지 꼬박 78일 만의 결실이었습니다. 그러나 그들은 베이스캠프로 돌아가는 길에 모두 목숨을 잃고 맙니다.

에반스는 크레바스에 추락해 큰 부상을 당한 후 회복하지 못했고, 오츠는 동상과 체력 저하로 사망했습니다. 스콧과 윌슨, 보워스 세 사람도 로스 빙붕에 설치한 저장소를 불과 18km 남겨둔 곳에서 심한 눈보라에 10일 정도 발이 묶였고, 결국 1912년 3월 29일 죽음에 이르렀습니다.

* 마이클 스미스, 앞의 책, p169

결과만 보면 무척 비극적인 일입니다. 하지만, 스콧이 3월 27일에 복귀하려고 했던 계획과 실제 일정을 비교해보면 거의 차이가 없다는 것을 알 수 있습니다. 스콧은 남극점 도달과 복귀를 원래 계획대로 차질없이 수행했던 것입니다. 그와 대원들의 죽음은 계획이 부실했거나, 과학탐사 때문에 시간이 지연되어서 죽음을 자초했던 것이 아닙니다.

스콧이 예상하지 못했던 것은 예기치 않은 몇 사람의 돌발사고와 복귀 마지막 무렵에 닥친 이상기온이었습니다. 훗날 남극 과학자 수잔 솔로몬이 스콧 일행이 베이스캠프로 돌아갈 때 (2월 25일~3월 29일) 로스 빙붕에서 겪었던 날씨를 약 100년 동안 남극에서 측정한 기온과 비교했습니다. 그 결과, 스콧 일행이 겪었던 최저 기온과 비슷했던 것은 1988년 단 한 해였다는 것을 발견했습니다. 남극에서 한파가 2~3일 이상 지속되는 경우가 없는데 당시에는 추위와 강풍이 10일 이상 계속되면서 스콧 일행을 죽음으로 몰아갔던 것입니다. 그들이 한 가닥 희망을 걸었던 저장소는 조랑말이 제구실을 못하면서 원래 계획했던 장소보다 48km 앞당겨졌는데, 만약 원래 계획했던 장소에 설치했더라면 스콧과 나머지 두 대원의 목숨을 살렸을지도 모릅니다.

남극 정복을 위해 떠나기 직전, 테라노바 탐험 대원들(요리사 클리솔드와 사진사 폰팅만 빠짐)

베이스캠프에서 스콧과 극점팀을 기다리던 지원팀은 남극의 겨울이 지나가길 기다렸다가 8개월 뒤에 그들을 찾아 나섰습니다. 캠프에서 얼마 떨어지지 않은 곳에서 스콧, 윌슨, 보워스의 시신과 그들이 가져온 지질학적 샘플을 발견합니다. 스콧 일행은 귀환길에도 지질학 샘플을 채취했는데, 그들이 가져온 샘플 무게는 총 15kg에 달했습니다. 스콧은 남극점 도달과 과학탐사라는 두 가지 책임을 수행하기 위해 끝까지 최선을 다했던 것입니다.

아문센도 북극 탐험을 위한 지원과 후원을 얻기 위해서 처음 내세웠던 명분은 바로 학문적 탐사였습니다.

'극지 탐험을 기록 세우기로 생각하는 사람들이 많습니다. 그러나 저는 기록이 아니라 북극 지방의 바다를 과학적으로 탐사하는 것이 저의 탐험 목적이라는 점을 분명하게 밝힙니다.'

자신의 본심이 학문적 연구가 아니라 최초의 극점 도달이라는 것을 철저히 숨겼던 것이죠. 아문센은 극점 도달의 성공은 철저한 준비에 달려 있다고 생각했습니다.

'가장 중요한 것은 준비이다. 사람들은 승리와 실패를 행운이나 불운 탓으로 돌린다. 그러나 모든 어려움을 예상하고, 그것을 어떻게 극복할지 준비할 때 승리를 얻고, 그렇지 않을 때 패배를 겪는 것이다.'

완벽주의자였던 아문센은 섀클턴에게 세 번 놀랐다고 합니다. 그의 준비 부족에 놀랐고, 그런데도 남극점에 그렇게 가까이 간 것에 놀랐고, 살아 돌아온 것에 더욱 놀랐습니다. 아문센은 섀클턴의 탐험을 면밀히 추적하며 자신의 계획을 더 완벽하게 만들고자 했습니다. 아문센은 1909년에 자신의 서재에서 남극점 정복에 관한 계획을 세우면서 그 끝을 이렇게 맺었다고 합니다.

'우리는 남극 탐험을 마치고, 1월 25일에 돌아올 것이다'.

3년 뒤, 실제로 아문센과 그의 대원들은 남극점 정복을 성공적으로 마치고, 1912년 1월 25일에 베이스캠프에 돌아왔습니다.

아문센이 남극 탐험 준비 과정에서 가장 많이 신경을 썼던 것은 썰매 개였습니다. 아문센은 코펜하겐에서 그린란드 산 썰매 개를 구입하려고 했는데, 당시 덴마크 정부는 그린란드 산 썰매 개의 수출을 엄격하게 제한하고 있었습니다. 만약 스콧이 그린란드 산 썰매 개를 구입한다면 제한된 할당량을 경쟁자와 나누어야 했습니다. 아문센은 코펜하겐에 썰매 개 100마리를 주문하면서 경고장도 함께 보냈습니다. 다른 사람이 개 주문을 하더라도 자신이 첫 번째 주문자로 우선권이 있다는 것을 명심하라는 경고장이었죠. 하지만 스콧은 영국인의 전통대로 시베리아산 개를 주문했습니다. 아문센의 불안은 기우였을 뿐입니다.

아문센이 도착한 웨일즈만 빙붕 지대는 스콧이 도착한 (섀클턴이 이용했던) 맥머도만보다 남극점에 96km 더 가까웠습니다. 스콧과 섀클턴은 그곳이 땅이 아니라 빙붕이라서 떨어져 나갈 수 있다는 점을 걱정했고 안전한 로스섬을 선택했습니다. 하지만 아문센은 움직임이 없는 곳이기 때문에 웨일즈만 일대의 빙붕을 땅이라고 확신했고 베이스캠프를 세웠습니다. 훨씬 나중의 일이지만 웨일즈만 빙붕은 1959년에 떨어져 나갔습니다. 어쨌든 빙붕이 땅과 비슷하지만 땅은 아니니까요.

아문센은 베이스캠프를 설치한 후 월동 준비와 보급품 저장소를 만들기 위해 노력했는데, 스콧이 만든 저장소보다 193km 더 남쪽 지점에 저장소를 만들었습니다. 아문센은 모든 준비가 된 후에도 스콧보다 먼저 출발하기 위해 무척 조바심을 냈습니다. 자신이 준비한 썰매 개와 스키, 모피 옷에 대해서도 자신감과 불안감이 뒤섞였습니다.

아문센은 7월 11일 일기에 이렇게 적고 있습니다.

'영국인들은 세상을 향해 이 지역에서 스키와 개들은 아무짝에도 쓸모가 없으며 모피 옷 역시 마찬가지라고 말했다. 그러나 진짜 그런지는 두고 보면 알 것이다.'

4개월의 겨울이 끝나고 8월 26일에 태양이 모습을 나타내자, 그는 출발을 너무 서둘렀습니다. 그는 9월 8일에 8명의 대원들과 함께 남극을 향해 출발했지만 영하 56도의 추위 때문에 호된 고생을 하다가 베이스캠프인 프람하임으로 다시 돌아왔습니다. 그가 스콧과의 속도 경쟁을 얼마나 의식했는지 알 수 있는 일화입니다. 그는 어쩔 수 없이 때를 기다리다가 마침내 1911년 10월 20일에 52마리의 개를 이끌고 남극점을 향해 출발했습니다. 대원 1명이 앞에서 스키를 타고 썰매 개보다 앞서 나갔습니다. 그린란드 개들은 특성상 개들을 이끌 지도자가 있어야 했기 때문입니다. 아문센을 포함한 5명의 탐험대는 하루에 평균 25~35km를 이동했는데, 최대 40km를 나아간 적도 있습니다. 아문센은 1911년 11월 21일 일기에서 이렇게 쓰고 있습니다.

'오늘 개들은 5천 피트 고도에서 시속 27km로 달렸다. 놀랍다. 누구든 여기에서는 개를 이용할 수 없다고 우기기만 해 보라지.'

아문센의 일기에서 알 수 있듯이 아문센에게 극지 탐험은 상대와의 경쟁에서 이기는 것이었습니다. 영국인들이 극지 탐험을 자신과의 싸움이라고 생각한 것과는 전혀 다른 모습입니다. 아문센 일행은 12월 14일에 남극점에 도착했습니다. 아문센은 베이스캠프로 돌아가는 것도 무척 빨라서 1월 25일에 무사히 도착했습니다. 아문센과 그의 팀은 남극점까지 약 2,900km의 여정을 98일 만에 다녀왔습니다. 아문센은 스콧보다 12일 먼저 출발했는데, 34일 먼저 도착했습니다.

5명의 대원이 스키와 개 썰매를 이용해서 속도전에 나선 결과였습니다. 갈 때는 하루에 약 26km, 돌아올 때는 하루에 약 37km로 엄청나게 빠른 속도였습니다.

아문센은 남극점 최초 도달에 성공한 후, 다시 북극 탐험에 나섭니다. 그는 모드호를 타고 북극으로 갔으나 긴 시간 동안 표류했습니다. 북극점에 도착하지 못했지만 북동항로 발견에 크게 기여했죠. 또 비행선을 타고 북극에 가는 시도도 했지만 실패합니다. 아문센은 1926년에 비행선 노르게호를 타고 다시 북극 횡단 비행에 나섰는데, 북극점 상공을 통과하여 알래스카에 무사히 착륙했습니다. 그는 1928년에 비행선을 타고 탐험을 갔다가 북극해에서 조난한 움베르토 노빌레를 구하러 수색에 나섭니다. 노빌레는 비행선 탐험의 주역이 본인이라고 주장해서 아문센과 사이가 멀어졌던 관계입니다. 그럼에도 노빌레가 조난했다는 소식을 듣고 노빌레를 구하러 나섰던 것입니다. 안타깝게도 구조에 나섰던 아문센은 죽고, 노빌레는 그 후 다른 사람에게 구조되어 돌아옵니다. 아문센은 남극점 정복에는 성공했지만 원래 그가 목표로 했던 북극 탐험에서는 큰 성공을 거두지 못했습니다.

아문센 프람호 탐험(1910~1912)

- 01 북극의 과학연구를 목적으로 했으나 남극점 정복으로 변경함
- 02 남위 80° 지점과 82° 지점 사이에 저장창고 3곳을 설치한 후 3t의 비축물자 저장
- 03 남극점 향해 1911년 10월 20일 출발. 탐험대원 5명 참여 (아문센, 비오란, 비스팅, 하셀, 한센)
- 04 개 52마리로 출발했으나, 첫 번째 저장진지에 도착한 후, 너무 살이 찐 개 4마리는 베이스캠프로 돌려보냄
- 05 남극점 세계최초 도달(1911년 12월 14일)
- 06 남극점까지 57일 동안(10/19-12/14) 일평균 26km 속도로 이동
- 07 귀환길은 39일 동안(12/18-1/25) 일평균 37km 속도로 이동

스콧 테라노바호 탐험(1910~1913)

- 01 영국 왕립학회 요구로 학문적 탐사와 남극점 정복을 목표로 함
- 02 남위 79° 28분 지점에 저장창고 2곳을 설치한 후, 1t의 비축물자 저장
- 03 남극점 향해 1911년 10월 24일 선발대가 모터 썰매 2대로 출발
  11월 1일 본진이 조랑말 8마리 대동하고 출발
  11월 7일 개 30마리가 본진과 합류
- 04 극점팀 5명 이외에 지원팀 12명 (총 17명)이 동행함
- 05 남극점 도달(1912년 1월 17일) 후 귀환 도중에 사망
- 06 남극점까지 78일 동안(11/1-1/17) 일평균 18km 속도로 이동

섀클턴 님로드호 탐험(1907~1909)

- 01 남위 79° 36.5분 지점에 식량 저장소 설치 (저장한 양이 얼마인지는 확인 안됨)
- 02 1908년 11월 3일 출발
- 03 지원팀 4명, 극점팀 4명 (총 8명) 출발
- 04 말 4마리와 모터 썰매 1대로 출발. 그러나 개는 베이스캠프에 남겨둠
- 05 1909년 1월 9일 남위 88° 23분에 도달함
- 06 68일 동안(11/3-1/9) 일평균 19km 이동

1914년-1916년 인듀어런스호 탐험

섀클턴의 세 번째 도전:
실패한 탐험,
위대한 리더십

스콧의 테라노바호 탐험 후, 섀클턴은 남극을 횡단하는 탐험(Endurance Expedition, 1914년~1916년)을 준비합니다. 이 탐험에 5천 명 이상의 지원자가 몰렸고, 섀클턴은 26명을 선발합니다. 약 192대 1의 경쟁률이니까 엄청난 관심이라고 할 수 있습니다. 선발에 떨어지자, 몰래 배에 숨어든 선원 때문에 탐험대는 섀클턴 포함 총 28명이 되었습니다. 밀항자는 퍼시 블랙보로(Percy Blackborrow)라는 웨일스 출신의 19살 선원인데, 탐험대가 그 후 죽을 고생을 한 것을 고려하면 가장 불쌍한 인물이기도 합니다. 대원들 중에 섀클턴의 님로드 탐험에 참여했던 사람은 3명(프랭크 와일드 Frank Wild, 어니스트 조이스 Ernest Joyce, 매킨토시 Aeneas Mackintosh)이었고, 스콧의 디스커버리 탐험과 테라노바 탐험에 연거푸 참여했던 톰 크린(Tom Crean)이 이번에는 섀클턴의 탐험에 참여합니다.*

---

* 섀클턴이 남극을 일주하는 마지막 탐험(Quest Expedition)을 준비할 때는 인듀어런스호 탐험에서 2년 동안 생사고락을 같이했던 27명의 대원 중에서 오른팔 프랭크 와일드를 포함해 모두 8명이 참여했다.

1914년 12월 5일, 어니스트 섀클턴(Ernest Shackleton, 만 40세)은 27명의 대원과 함께 남극을 최초로 횡단하는 탐험 길에 나섭니다. 그리고 그들이 타고 있던 인듀어런스(Indurance)호가 남극의 부빙에 막혀 난파를 당합니다.

섀클턴이 남극에서 2년 가까이 표류하다 엘리펀트 섬에서 겨우 목숨을 부지하고 있을 때, 그는 이 조그만 무인도에서 먹을 것이 떨어지면 결국 모두 죽을 것이라는 사실을 직시합니다. 그리고 위험천만한 도전을 결심합니다. 섀클턴을 포함한 5명의 선원은 조그만 보트를 타고 약 1,300km 거리에 있는 사우스조지아섬을 향해 목숨을 건 항해를 시작합니다. 그는 잔류하는 22명에게 자신들이 몇 주 내에 구조선을 이끌고 돌아오지 못하면, 다시 탈출에 도전하라는 말을 남기고 떠납니다.

섀클턴의 위대한 리더십과 대원들의 헌신적인 노력을 바탕으로 그들은 거의 2년 동안의 사투 끝에 모든 대원이 무사히 귀환할 수 있었습니다. 그리고 모집 공고에 썼던 표현처럼 역사에 남는 '**명예와 인정**'을 얻습니다.

섀클턴과 그의 대원들이 죽음의 위기를 극복하는 과정은 비슷한 시기에 스테판슨이 이끌던 캐나다 탐험대와 전혀 달랐습니다. 1913년 6월, 스테판슨(Stefansson)이 이끄는 탐험대(Northern Party)가 칼럭(Karluk)호를 타고 지리적 탐사와 새로운 땅을 발견하기 위해 북극 탐험에 나섭니다. 그해 8월 13일, 이들이 타고 있던 배가 얼음에 갇히는데, 9월 20일에 스테판슨은 5명의 대원을 데리고 순록 사냥을 위해 배를 떠납니다. 스테판슨이 떠난 이틀 뒤 칼럭호는 눈보라에 떠밀려 계속 표류하다가 다음 해 1월 11일에 배는 침몰하고 맙니다.

당시 25명의 대원은 얼음 위에 남겨졌는데 8명이 살길을 찾다 죽고, 나머지는 가까스로 인근 섬에 캠프를 설치하였습니다. 생존자들은 구조대를 기다리는 동안 극심한 굶주림에 시달렸는데, 2명은 병으로 죽고, 1명은 총기 사고로 죽습니다. 살인인지 자살인지는 불분명했습니다.

구조대가 도착한 것은 1914년 9월 7일이었습니다. 한 생존자는 자신이 그때 1년간 겪었던 일들이 그 후 1차 세계대전에서 일어났던 공포나 악몽보다 더 심했다고 말할 정도입니다.

그런데, 구조대를 이끈 것은 스테판슨이 아니라 다른 사람이었습니다. 스테판슨은 칼럭호를 떠난 후 대원과 보급품을 새로 갖추었고, 배도 구매했습니다. 그 이후 끝까지 탐험에만 주력했고 구조에는 전혀 신경 쓰지 않았습니다. 그는 캐나다 정부와 국민들에게 존경받기 위해서는 탐험과 발견에 성공하는 방법밖에 없다고 생각했습니다. 탐험 과정에서 4명이 더 목숨을 잃기도 했습니다. 그가 괴혈병에 걸려서 5년 만에 탐험에서 돌아왔을 때, 그는 자신의 업적을 자랑했지만 살아남은 그의 대원들은 스테판슨이 믿을 수 없고, 오만하며, 자기 이익만 추구했다고 비난했습니다. 스테판슨은 자신의 베스트셀러 'Friendly Arctic'에서 자신을 비난한 사람들을 거칠게 욕하며 앙갚음을 했습니다.[*] 그의 책 제목 자체가 그의 이기심을 증명하는 것처럼 보이기도 합니다.

그런데 말입니다. 만약 섀클턴의 배가 부빙에 갇히지 않고 무사히 남극 대륙에 상륙했다면 남극 횡단에 성공했을까요?

---

[*] 자세한 내용은 https://www.thecanadianencyclopedia.ca/en/article/canadian-arctic-expedition 참고.

2년여 동안 남극에서
섀클턴과 생사고락을
같이한 27명의 대원

프랭크 워슬리 선장
Frank Worsley

어니스트 섀클턴 대장
Ernest Shackleton

프랭크 와일드 부대장
Frank Wild

라이어널 그린스트리트 1등 항해사
Lionel Greenstreet

톰 크린 2등 항해사
Tom Crean

앨프리드 치텀 3등 항해사
Alfred Cheetham

존 빈센트 갑판장
John Vincent

루이스 리킨슨 1등 기관사
Louis Rickinson

알렉산더 커 2등 기관사
Alexander Kerr

헨리 맥니시 목수
Henry McNeish

허버트 허드슨 조타수
Hubert Hudson

월터 하우 선원
Walter How

윌리엄 베이크윌 선원
William Bakewell

퍼시 블랙보로 밀항자
Percy Blackborrow

토머스 매클라우드 선원
Thomas McLeod

타머시 매카시 선원
Timothy McCarthy

윌리엄 스티븐슨 화부
William Stephenson

어니스트 홀니스 화부
Ernest Holness

레지널드 제임스 물리학자
Reginald James

로버트 클라크 생물학자
Robert Clark

제임스 워디 지질학자
James Wordie

레오나르드 허시 기상학자
Leonard Hussey

토머스 오드-리스 모터 전문가(창고 관리자)
Thomas Orde-Lees

프랭크 헐리 사진작가
Frank Hurley

조지 마스턴 화가
George Marston

찰스 그린 요리사
Charles Green

제임스 매킬로이 의사
Dr.James Mcilroy

알렉산더 매클린 의사
Dr.Alexander Macklin

섀클턴이 남극 횡단을 위해서 어떤 준비를 했는지 보면 그 가능성을 어느 정도 헤아릴 수 있을 겁니다. 섀클턴은 이번에도 극지방 경험이나 스키 실력은 고려하지 않았습니다. 그 결과, 탐험대원 중에 스키를 탈 줄 아는 사람이 서너 명밖에 되지 않았습니다. 그는 자신의 리더십 스타일이나 기질과 균형을 이룰 수 있는 사람을 선발 기준으로 삼았습니다.

섀클턴이 세웠던 남극대륙 횡단 계획은 2,400km를 100일 만에 횡단하는 것이었습니다. 하루 평균 24km를 가야 하는 힘겨운 도전이었습니다. 스키 달인들로 구성된 아문센의 탐험대조차 남극점을 향해서 갈 때 하루 평균 이동 거리가 26km 정도였습니다. 더구나 남극점 반대편은 아무도 가보지 않은 길이었죠.

섀클턴은 이번에도 말을 이용하려고 했습니다. 다행스럽게도 아문센이 탐험대 사무실을 찾아와서 스키와 썰매 개가 남극 횡단에 절대적으로 필요하다는 것을 섀클턴에게 설명했습니다. 아문센을 존경하던 섀클턴은 자신의 계획을 수정해서 썰매 개 100마리를 주문했습니다. 그는 썰매 개를 주문할 때 썰매 개를 다룰 줄 아는 사람도 함께 구해달라고 요청했습니다. 하지만 마땅한 사람을 찾을 수 없었습니다. 다만, 다니엘 구치(Daniel Gooch) 경이 사우스조지아섬까지 동행하면서 대원들에게 썰매 개 다루는 법을 가르쳐 주었습니다. 사우스조지아섬을 떠난 이후, 썰매 개를 다루는 것은 대원들 스스로 해결해야 했습니다. 인듀어런스호가 부빙에 갇혀 있을 때, 섀클턴은 대원들을 모두 6개 팀으로 나누어서 팀마다 썰매 개를 조종할 사람을 임명한 다음 썰매 개 다루는 법을 열심히 훈련하도록 했습니다. 이번에도 모터 썰매를 가져갔지만 곧 망가져 버렸습니다.

섀클턴은 그때까지도 모터 썰매에 대해서는 완전히 문외한이었습니다. 그는 모터 썰매가 엔진을 켜면 움직이고, 엔진을 멈추면 움직이지 않는다는 당연한 사실만 알고 있었을 뿐입니다.

섀클턴은 괴혈병을 가장 두려워했는데 이번에는 해결책이 있었습니다. 비타민이 2년 전에 발명된 것입니다. 섀클턴은 세계적 영양학 권위자인 윌프레드 베버리지의 권유를 받아들여 탐험대원들이 음식에 비타민을 섞어서 먹도록 했습니다. 섀클턴은 짐의 무게를 줄이기 위해서 수분이 제거된 건조식품이 필요하다고 생각했습니다. 그는 이 기술을 개발한 독일의 한 화학회사에 협조를 요청했습니다.

섀클턴은 인듀어런스호를 인수하기 위해 노르웨이를 방문했다가 한 달을 머물렀습니다. 그는 그곳에서 1908년 님로드 탐험 때 남극 정복에 실패한 이유가 스키를 타지 못했기 때문이라는 아문센의 말을 기억하고 스키 연습을 했습니다. 물론 한 달의 짧은 기간에 스키가 그다지 늘지는 않았을 겁니다.

이러한 내용을 종합해보면, 섀클턴의 남극 횡단 계획은 스키와 썰매 개를 다루는 일에 얼마나 능숙해졌느냐가 관건이겠지만, 여전히 실패했을 가능성이 커 보입니다. 하지만 남극 횡단에 성공하지는 못했더라도 놀라운 업적을 달성했을 가능성도 큽니다. 섀클턴과 그의 대원들이 새로운 난관에 부딪힐 때마다 빠른 속도로 적응하며 의지의 힘을 보여주었을 테니까요.

세 사람의 리더십
스타일과 시사점

지금까지 스콧, 섀클턴, 아문센의 탐험을 당시의 맥락에서 살펴보았습니다. 그들의 탐험 과정을 자세히 살펴보면, 남극점 도달은 세 사람이 경쟁과 협력으로 만들어낸 공동의 성과로 볼 수 있습니다. 스콧은 위험한 도전에 처음 나서며 새로운 길을 열었고, 섀클턴은 특유의 유연함을 바탕으로 새로운 길을 멀리까지 개척했습니다. 아문센은 두 사람의 경험과 자신의 해법을 바탕으로 남극점에 가장 먼저 도달했습니다.

세 사람의 리더십 스타일은 그들의 상황뿐만 아니라 개인의 성향에서 비롯된 것이기도 합니다. 그들의 차이점을 BIG 5 성격검사와 변혁적 리더십을 바탕으로 진단해 보았습니다(자신의 성격 특성이 궁금한 분은 부록 4의 간이 검사를 해 보시길 바랍니다). 세 사람의 전기나 평전, 관련 자료에서 항목별로 뚜렷하게 평가할 수 있는 것을 토대로 높음이나 낮음을 판단했습니다.*

구분		섀클턴	아문센	스콧
성격	개방성	높음	보통	낮음
	성실성	보통	높음	높음
	외향성	보통	낮음	낮음
	우호성	높음	낮음	낮음
	정서성	높음	낮음	낮음
변혁적 리더십	카리스마	높음	높음	높음
	영감적 동기화	높음	보통	낮음
	지적자극	보통	보통	보통
	개별배려	높음	낮음	낮음
기본적 역량	그릿(GRIT)	낮음	높음	낮음
	학습민첩성	높음	보통	보통
	회복탄력성	높음	높음	높음

성격특성과 리더십 진단 결과

세 사람은 모두 카리스마가 넘쳤고, 역경에 대처하는 회복탄력성이 높았습니다. 그렇지만 차이점도 많았습니다.

섀클턴은 많은 장점에도 불구하고 스키와 썰매 개 다루는 법을 익히지 못했습니다. 그가 오랜 시간 공들여서 익힌 전문성은 항해술이었는데, 그는 항해사로 일생을 보내고 싶지 않았습니다. 그는 자신의 야망을 남극 탐험에서 찾았지만, 남극 탐험에 필요한 가장 핵심적인 스킬을 배우지는 못했습니다. 그의 남극 탐험이 매번 즉흥적이었고, 비교적 단기간에 추진되었기 때문입니다. 그릿(GRIT)은 일관된 목표와 꾸준한 노력을 의미합니다. 섀클턴은 여러 가지 꿈을 쫓다가 별 소득이 없자 결과적으로 남극 탐험에 나서곤 했습니다. 섀클턴에게 한 가지를 끝까지 파고드는 인내심이 없다는 것은 남극 탐험 측면에서는 단점입니다.

* 에드워드 라슨은 스콧에 대해 내성적이고 인습적이며, 불안정한 성품을 지녔다고 평하고 섀클턴은 열의가 넘치고 활동적이며 자신감이 넘치는 인물이라고 말한다. 스콧과 섀클턴 두 사람 모두 자신이 모범을 보임으로써 대원을 통솔했고, 헌신적인 부하들을 얻었다는 점도 강조한다. (에드워드 라슨, 같은 책, p.202)

하지만 섀클턴의 긍정적 성격과 개방적이며 지적인 역량을 고려하면 그는 경영자로서 큰 성과를 거둘 가능성이 큽니다. 사람들에게 영감을 불어넣고, 한 방향으로 이끄는 리더십이 그의 가장 큰 매력이기 때문입니다. 2000년대 이후 불확실성이 높은 최근의 시장 환경에서는 더욱더 그의 장점이 빛날 것입니다.

아문센은 한가지 목표를 향해서 꾸준히 노력한 그릿(GRIT)의 전형입니다. 그는 평생 극지방 탐험을 했고, 북극에서 죽음을 맞이했습니다. 그는 한마디로 스페셜리스트입니다. 오랜 시간, 철저하게 한 가지만 파고들었고, 그 분야의 달인이 되었습니다. 그러나 그의 완벽주의는 도전을 자꾸 늦추는 브레이크 역할을 했고, 자신의 성공을 위해서 다른 사람을 속이기도 했습니다. 까다로운 성격 탓에 대인관계도 원만하지 않았습니다. 오직 한 분야만 파고드는 그의 강점을 고려하면 아마도 그는 강소기업의 경영자나 혹은 특정 분야의 장인이 적합해 보입니다.

스콧은 군인 정신으로 살다가 군인 정신으로 죽은 뼛속까지 군인입니다. 군인은 질서와 규율, 그리고 일사불란함을 중시합니다. 질서와 규율을 원하는 그에게 변화나 혁신은 먼 나라 얘기일 수밖에 없습니다. 당연히 그는 임기응변에 약하고, 불확실성이나 혼란한 상황에서 생각이 마비되는 단점이 있습니다. 그는 성격적으로 내성적이고 다소 우울한 성격이었으며, 쉽게 친구를 사귀지도 못했습니다. 그의 이런 특징을 고려하면 그는 표준화된 서비스를 일관성 있게 제공하는 업무가 제격입니다. 그런 그가 탐험대의 리더가 되었다는 것은 리더를 잘못 선발했다고 할 수밖에 없습니다.

남극 탐험은 불확실성과 위험이 항상 도사리고 있습니다. 안정과 질서를 중시하는 사람이 새로운 도전에 뛰어든 것은 리더십의 질적인 변화가 요구되는데, 스콧은 리더십의 전환(transition)에 성공하지 못했습니다.

세 리더는 조직관리 측면에서도 차이점과 공통점이 있습니다. 섀클턴은 자신의 비전을 공유하는 사람들을 대원으로 선발했고, 대원들을 동료로 대하며 서로 신뢰하는 관계를 만들었습니다. 아문센은 자신의 비전을 달성하기 위해 전문가들을 대원으로 선발했고, 대원들을 용병이나 인적 자원으로 대했습니다. 스콧은 자신에게 주어진 목표를 달성하기 위해 군인들을 대원으로 선발했고, 대원들을 부하로 대하며, 지시와 통제로 관리했습니다. 그러나 세 사람 모두 리더의 개인기에 의존해서 조직을 이끌었고, 집단 지성을 활용해서 불확실한 환경에 대처하는 것은 미흡했습니다.

세 리더의 특징은 그들이 나서 자란 사회적 환경의 영향도 컸습니다. 아문센이 노르웨이 출신의 프로 탐험가, 스콧이 영국 출신의 해군, 섀클턴이 아일랜드 출신의 아마추어 탐험가라는 것은 개인의 성향과 역량뿐만 아니라, 태어나서 자란 사회와 문화의 영향도 반영하고 있습니다.

아문센은 노르웨이에서 나고 자란 사람입니다. 어렸을 때부터 스키에 익숙했고, 노르웨이 출신 탐험가들의 축적된 경험도 이용할 수 있었습니다. 극지방 탐험을 향한 그의 한결같은 목표와 노력은 성공의 가능성을 높였습니다. 다만 그의 완벽주의 성향은 북극점 탐험의 시기를 미루다가 성공의 기회를 놓치는 단점이기도 했습니다. 만약 섀클턴이 님로드 탐험에서 식량으로 삼으려던 마지막 말이 얼음 구덩이에 빠져서 사라지지만 않았다면, 말 한 마리가 7주 정도의 식량이 된다는 점을 고려할 때 남극점 최초 도달은 아문센이 아니라 섀클턴의 영예가 되었을 수도 있습니다.

스콧과 섀클턴은 둘 다 영국 출신의 한계를 넘어서지 못했습니다. 두 사람은 남극에 가서야 비로서 눈을 처음 보았고, 스키와 썰매 개는 금시초문이었습니다. 극지방 탐험 경험도 전혀 없는 아마추어였습니다. 남극에서 직접 겪은 경험도 인간의 의지를 중시하는 당시 영국인의 고정 관념을 깨지는 못했습니다. 그런 두 사람이 아문센과 경쟁을 하는 것은 마치 영화 '독수리 에디'에서 스키 점프를 한 지 2년도 안 되는 영국 출신 에디가 어렸을 때부터 스키를 탄 노르웨이 국가 대표선수들과 경쟁하는 것과 비슷합니다.

남극 탐험의 시대로부터 한 세기가 훌쩍 지났습니다. 세 사람의 리더십에 대한 평가는 시대에 따라 달라졌습니다. 스콧과 탐험대원들의 죽음이 알려진 직후에는 과학 연구에 기여한 그들의 업적이 부각되었습니다. 영국 탐험대의 목표는 남극점 도달보다는 과학 연구가 더 중요한 명분이었으니까요. 그 후 두 차례의 세계대전을 겪으면서 군인들의 사기를 북돋기 위해 과학 연구보다는 운명에 맞섰던 스콧 일행의 영웅적인 희생이 강조되었습니다. 윌슨을 제외하고, 스콧과 탐험대원 세 명이 모두 군인이라는 점을 고려한 것이겠죠.

그러나 세계대전이 끝난 후에 대영제국이 해체되었고, 점차 현대적 효율성과 효과적인 리더십이 주목을 받았습니다. 스콧보다 아문센과 섀클턴이 대중의 관심을 끌었던 것이죠. 더구나 롤랜드 헌트포드가 1979년에 출간한 '스콧과 아문센'에서 스콧을 혹평하면서 스콧은 실패자로 널리 알려지게 되었습니다. 남극 탐험에 나섰던 당시에 과학 연구가 중요했던 맥락이 사라지고, 남극점 최초 도달이라는 한가지 결과로 스콧과 아문센을 평가하는 것이 일반화된 것입니다.

섀클턴의 리더십도 그가 남극에 갔던 여러 번의 도전을 두루 살펴보지 않고, 남극 횡단에 나섰다가 살아 돌아온 모습만 너무 강조되어 왔습니다. 이처럼 세 리더의 성향과 상황을 두루 살피지 않고, 세 리더의 관계와 영향을 종합적으로 보지 않으면 현대를 사는 우리 역시, 그들이 겪었던 한계를 벗어날 수 없을지 모릅니다.

지금까지 살펴본 세 리더의 장단점을 고려할 때, 오늘날 불확실한 기업 환경에 적합한 리더는 누구일까요? 여러분이 경영자라면 세 사람 중에 누구를 새로운 탐험대의 리더로 선발하시겠습니까?

아마도 새롭고 낯선 길에 가장 먼저 도전장을 던지는 사람은 섀클턴일 것 같습니다. 아문센이 완벽한 준비를 하느라 시기를 미루는 사이에 섀클턴은 작은 가능성을 보고 과감하게, 그리고 신속하게 도전에 나설 겁니다. 섀클턴이 새로운 도전에 성공할까요? 섀클턴의 도전은 분명히 새로운 시도로, 새로운 길을 개척하고, 새로운 가능성을 보여줄 것입니다. 어쩌면 꽤 놀라운 결과를 만들어낼 수도 있습니다. 그러나 목적지에 도착하지는 못할 것입니다. 새로운 여정을 준비가 부족한 상태로 시작하기 때문에 예상하지 못한 많은 일을 겪으며 도전을 멈추고 돌아설 수도 있습니다.

섀클턴의 도전과 실패는 아문센에게 중요한 자료와 정보가 될 것입니다. 그는 정보와 자료를 수집해서 목적지에 도달하는 최적의 방법을 계획하고, 예상 가능한 모든 위험을 고려할 테죠. 그는 철저한 계획을 세워서 시장을 선점하고, 지속해서 효율성을 추구할 것입니다.

스콧은 어떨까요? 스콧의 성향을 볼 때, 새로운 도전을 하는 것보다는 스콧이나 아문센이 개척한 길을 충실하게 반복하는 역할이 더 적합해 보입니다. 섀클턴이나 아문센은 새로운 도전을 선호하고 중시하지만, 스콧은 자신에게 주어진 책임을 완수하는 것이 중요합니다. 말하자면, 섀클턴이나 아문센은 새로운 일을 좋아하고 반복적인 루틴을 싫어하지만, 스콧은 반복적인 일을 성실하게 수행하는 것을 선호합니다. 그는 질서와 규율을 무기로 삼아서 안정적으로 매출과 수익을 관리할 것입니다.

이처럼 불확실성이 높은 환경에서는 하나의 리더십 스타일이 아니라 서로 다른 리더십의 조합이 더 큰 성과를 만들어낼 수 있습니다. 한 사람이 시작과 끝을 모두 하기보다는 계주 경기처럼 변화의 시기별로 서로 다른 강점과 역할을 활용하는 것이 더 효과적일 수 있습니다.

CHAPTER.02
불확실성 시대의 리더십

변화와
속도의 경쟁

2009년 이후 저성장 환경에서 디지털 혁신과 코로나 팬데믹은 변화의 속도를 높이고, 불확실성을 더욱더 짙게 만들었습니다. 미지의 환경 속에서 남보다 먼저 기회를 보고, 그 기회를 잡으려는 경쟁이 치열합니다. 속도의 경제에서 혁신의 속도를 높이는 것이 리더십의 주요 이슈가 될 수밖에 없죠.

그동안 변화하는 환경 속에서 기업의 영속성을 높이기 위해 여러 가지 프랙티스들이 연구되었습니다. 대표적인 것이 동적 역량(Dynamic Capability)과 양손잡이 조직(Ambidextrous Organization), 그리고 디자인 씽킹(Design Thinking) 등입니다.

미국 버클리대 데이빗 티스(David J. Teece)는 변화가 빠르고 불확실한 환경에서 기업의 동적 역량이라는 개념을 1997년에 제시했습니다.* 동적 역량은 환경 변화에 대응하여 기업의 경쟁력을 계속 변화 시켜 나가는 역량인데, 감지(Sensing), 포착(Seizing), 변혁(Transforming) 등으로 세분할 수 있습니다.**

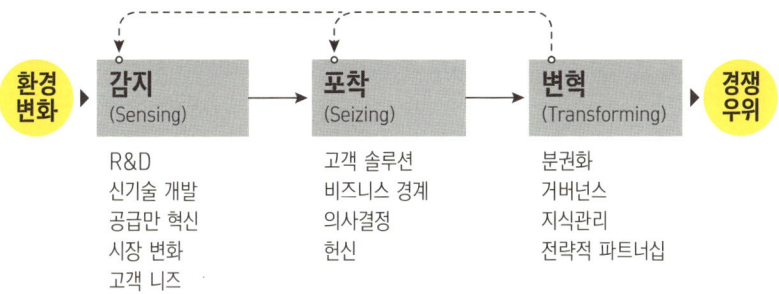

조직의 동적 역량(Dynamic Capabilities)

조직을 하나의 시스템으로 바라보면 동적 역량은 외부의 변화를 감지하고 반응하는 루틴이 있음을 의미합니다. 조직이 이처럼 개방형 시스템으로 운영될 때, 경쟁우위를 지속해서 유지할 수 있습니다. 반대로, 동적 역량이 없다면, 조직은 외부 변화에 둔감하거나 반응이 느릴 수밖에 없습니다. 조직이 이렇게 폐쇄형 시스템으로 운영될 때, 경쟁우위는 일정 기간에 지나지 않습니다. 기업 경쟁의 레드퀸 현상을 고려하면 동적 역량이 미흡한 조직은 점차 경쟁에서 뒤처지게 됩니다.

이러한 동적 역량의 개념이나 필요성을 이해하는 것은 쉽지만, 실제로 동적 역량을 구축하여 운영하는 것은 여간 어려운 일이 아닙니다. 성공한 리더만 노리는 함정이 시스템 곳곳에 숨어있기 때문입니다. 더구나 이 함정은 눈에 보이지 않기 때문에 피하기 어렵고, 함정에 빠져도 빠졌다는 것을 모를 정도입니다. 동적 역량의 세부 내용과 함정을 함께 살펴 보겠습니다.

---

* Teece, Pisano, & Shuen, 1997, 'Dynamic capabilities and strategic management', Strategic Management Journal, 18(7), 509-533. | ** D. J. Teece, 2009, 'Dynamic Capabilities and Strategic Management: Organizing for Innovation and Growth', Oxford University Press, Oxford

먼저, 감지(Sensing)는 정보를 수집하여 외부의 기회와 위험을 식별할 수 있는 분석 체계를 의미합니다. 조직은 변화하는 환경에서 기술과 시장을 탐색하여 기회를 감지하거나 만들어내는 능력이 요구됩니다.

그런데, 기존의 경험이나 역량에 의지하는 경로 의존성(Path dependency) 함정에 빠지면, 기회를 탐색하는 범위가 매우 좁아집니다. 기존의 경로를 벗어나서 새로운 경로도 조직 내외부에서 폭넓게 살펴볼 때 감지가 활성화될 수 있습니다.

포착(Seizing)은 기회를 잡을 수 있는 조직의 구조와 절차, 보상 체계 등을 의미합니다. 다양한 기회 속에서 우선순위를 가려내고, 기회를 잡는데 필요한 자원을 조직 내외부에서 동원하고, 적합한 비즈니스 모델을 선택하는 능력이 요구됩니다. 그런데, 자원 배분을 할 때 기존 사업에만 너무 치중하는 자원 경직성(Resource rigidity) 함정에 빠지면, 기회는 사라지게 됩니다. 기존의 사업뿐만 아니라, 새로운 가능성에도 충분한 자원을 배분해야 기회를 잡을 수 있습니다.

변혁(Transforming)은 조직의 역량과 자산을 지속적으로 재조정, 재구성할 수 있는 체계를 의미합니다. 새로운 변화가 점진적 개선이라면 별문제가 없지만, 창조적 혁신이 요구되면 내부의 저항과 반발에 부딪힐 수 있습니다. 이렇게 기존의 익숙한 길을 벗어나지 않으려고 하는 루틴 경직성(Routine rigidity) 함정에 빠지면, 변혁은 제자리걸음을 하거나 출발점으로 번번이 돌아가게 됩니다. 리더가 내부 구성원과 주요 이해관계자들의 공감과 지지를 바탕으로 새로운 변화를 추진해야만 변화의 속도가 빨라질 수 있습니다.

이처럼 불확실한 환경에서 새로운 기회를 잡는 동적 역량은 탐험대를 조직해서 새로운 길을 개척하는 과정과 비슷합니다. 탐험대의 경험과 성과가 축적되어 목적지에 가는 길이 알려지면 그 길에 도로가 생기고 누구나 오가게 될 것입니다. 조직의 동적 역량을 높이는 비결을 탐험대의 조직 관리와 마인드셋, 그리고 스킬셋 측면에서 차례대로 살펴보겠습니다.

01. 탐험대 조직 관리

자, 먼저 탐험대를 꾸려보겠습니다. 탐험대는 어떻게 구성해서 운영하면 좋을까요? 영국의 남극점 도전은 세 번(스콧 디스커버리호 탐험대 > 새클턴 님로드호 탐험대 > 스콧 테라노바호 탐험대) 진행되었는데 모두 큰 어려움을 겪었고, 성과보다는 아쉬움이 더 컸습니다. 그 이유는 비전문가였던 마크햄의 지시와 통제를 받아서, 비전문가였던 탐험대 리더가 극지 탐험을 리딩했기 때문입니다.

노르웨이의 아문센은 극지 탐험의 전문가였고, 다른 이해관계자들로부터 비교적 간섭을 받지 않고, 독립적으로 탐험을 준비했습니다. 그러나 외부의 후원 부족으로 도전에 나서는 시기가 자꾸 늦어지는 문제를 겪었습니다. 난센이 배를 빌려주지 않았다면 남극점 도전은 영영 물거품이 되었겠죠.

탐험대의 가장 이상적인 모습은 아문센과 그레고리 박사를 투톱으로 영입해서 아문센은 남극점 도달, 그레고리 박사는 과학탐사의 미션을 수행하는 것입니다. 그리고 두 리더에게 충분한 지원은 하되, 간섭은 하지 않아야 합니다. 이처럼 전문가로 탐험대를 구성하고, 지원은 하지만 간섭은 하지 않는 것은 양손잡이 조직(Ambidextrous Organization)의 특징입니다.

하버드 경영대학원의 마이클 투시먼(Michael L. Tushman)은 동료 교수와 2003년에 발표한 논문*에서 리딩 기업의 딜레마를 다루고 있습니다. 리딩 기업은 기존 시장을 지키면서 새로운 시장을 개척하는 두 마리 토끼를 쫓아야 합니다. 전자는 현재의 수익을 위해서 점진적 개선(exploitation, 활용)을 하고, 후자는 미래의 기회를 위해서 창조적 혁신(exploration, 탐험)을 하는 것인데, 두 가지가 서로 상충한다는 것이 딜레마입니다. 점진적 개선은 변동성을 줄여서 업무 효율을 높이고, 창조적 혁신은 변동성을 늘려서 새로운 기회를 만들어내니까요. 마이클 투시먼 교수는 개선 활동에 치우치면 혁신 활동이 위축되어서 변화에 적응하는 동적 역량이 줄어든다고 경고했습니다.

그러나 마이클 투시먼의 경고를 귀담아듣는 사람이 우리나라에는 많지 않았을 것 같습니다. 이 논문이 발표된 2003년은 우리나라의 많은 기업이 아직 6시그마 열풍에 휩싸여 있었기 때문입니다. 6시그마는 변동성을 줄이는 개선 활동으로, 제품과 업무 품질을 완벽하게 만드는 것이 목표입니다. 당시 우리나라의 많은 조직이 6시그마를 도입해서 전 직원 교육에 나섰고, 개선 활동의 결과로 직원 평가를 하는 경우도 많았습니다. 저도 그 무렵 재직 중이던 회사에서 6시그마 사무국 업무를 맡고 있었습니다.

6시그마의 원산지는 모토로라이지만, 전 세계에 널리 확산시킨 주역은 GE입니다. 모토로라의 로버트 갤빈 회장은 일본 제조업체의 품질 수준을 따라잡기 위해서 1987년에 6시그마라는 새로운 방법을 만들었습니다. GE의 잭 웰치는 모토로라의 성공 비결이 6시그마라는 것을 파악하자, 1996년에 전사적으로 6시그마를 도입해서 추진했습니다.

---

* Benner & Tushman, 2003, 'Exploitation, exploration, and process management: The productivity dilemma revisited', Academy of Management Review, 28(2), 238-256.

그 후, 1990년대 후반에 포춘 500대 기업의 3분의 2 이상이 품질개선과 비용절감을 위해서 6시그마를 도입했고, 우리나라에서는 2000년 초반에 큰 인기를 얻었습니다. 하지만, 6시그마를 추진하던 기업에서 마이클 투시먼 교수가 경고했던 부작용이 나타나자, 6시그마의 인기는 시들해졌습니다. 6시그마의 원조 모토로라는 2011년에 구글에 인수되었다가 2014년에 레노버에 다시 매각되는 처지가 되었습니다. GE는 잭 웰치의 후임자 제프리 이멜트가 2012년에 6시그마와 별개로 패스트웍스라는 프로그램을 도입했습니다. 스타트업의 방식으로 혁신을 활성화하려고 했던 것이죠.

국내의 많은 기업이 6시그마에 열광하던 시기에 마이클 투시먼이 6시그마의 한계를 지적했다는 것을 나중에 알고 나서 무척 놀랐습니다. 더구나 그가 개선과 혁신의 딜레마를 지적하며 그 해결 방법을 제시한 것은 몇 년 전으로 더 거슬러 가더군요. 그는 1997년에 찰스 오라일리$^{\text{(Charles A. O'Reilly)}}$와 함께 출간한 'Winning through innovation'에서 개선과 혁신을 위해 양손잡이 조직$^{\text{(ambidextrous organization)}}$을 제안했습니다.

양손잡이 조직은 로버트 던칸이 1976년에 처음 제시했는데, 조직에서 유연성과 효율성을 이원화해야 한다는 주장입니다. 양손잡이 조직의 중요성과 구축 방법에 대한 연구는 그 후 제임스 마치$^{(1991)}$, 투시먼과 오라일리$^{(1996, 1997)}$ 등의 마중물을 거쳐, 2000년대에 활성화되었습니다. 제프리 이멜트가 기존 사업은 6시그마로 개선하고, 신규 사업은 패스트웍스로 추진하려고 했던 것도 양손잡이 조직의 모습입니다.

기업이 양손잡이 조직을 구축하여 동적 역량을 확보함으로써 지속적으로 살아남는 것은 진화론과 비슷한 점이 있습니다. 다윈은 자연 생태계의 적자생존을 변이, 자연선택, 증식으로 설명하는데, 비즈니스 생태계의 변화도 기업의 차별화, 고객선택, 성장으로 설명할 수 있습니다.*

먼저 신생 기업이 창조적 혁신으로 차별화를 합니다. 시장에서 고객의 인기를 얻으며 성장을 합니다. 효율성을 높이기 위해 변동성을 줄여나갑니다. 최적화된 업무 루틴을 반복적으로 운영합니다. 성공에 대한 자신감과 확신이 커지면서 외부 변화에 둔감해집니다. 업무 루틴이 경직되면서 내부 변화가 어려워집니다. 다른 기업의 창조적 혁신이 등장해도 무시합니다.

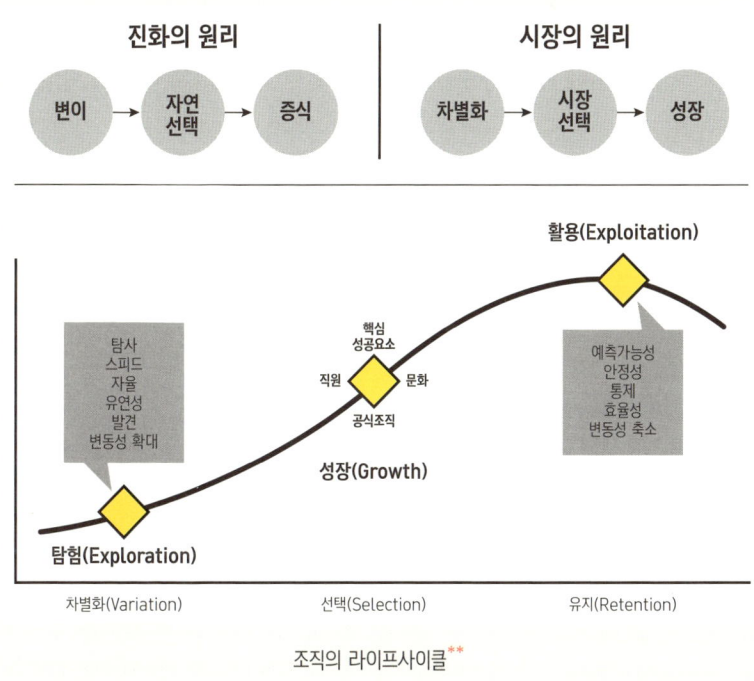

조직의 라이프사이클**

* 자세한 내용은 에릭 바인하커, '부의 기원', 2007년, 안현실 옮김, pp.530-531. 참고 ** 출처: O'Reilly & Tushman, 'Lead and Disrupt', p.36

시장에서 고객의 인기가 시들면 비로서 위기를 느낍니다. 그러나 이미 시기를 놓친 상태입니다. 이것이 승자의 저주이고 일반적인 라이프 사이클입니다. 조직이 승자의 저주를 풀고 생명 연장을 하려면 창조적 혁신을 멈추면 안 됩니다. 비록 그것이 기존 사업의 성장이나 수익을 침범하는 것이라도 말이죠. 내가 하지 않으면 남이 할 테니까요.

투시먼은 'Lead and disrupt'에서 넷플릭스와 블록버스터의 사례를 통해 양손잡이 조직의 중요성을 설명하고 있습니다.

1985년에 영화 대여점 '블록버스터(Blockbuster)'가 달라스에서 첫 매장을 열었습니다. 창업자 데이비드 쿡(David Cook)은 당시 다른 대여점이 수백 개의 비디오를 가지고 있는 것에 비해서 8,000여 개의 비디오(VHS Tapes)를 컴퓨터로 관리하는 시스템을 도입했습니다. 1988년에 미국에서 매장 수가 800개가 넘었고, 1992년에는 영국 시장에도 진출해서 매장 수가 2,800개에 달했습니다. 1994년에 비아콤(Viacom)이 블록버스터를 84억 불(한화 약 9.3조)에 인수할 정도로 그 성장세는 놀라웠습니다.

그런데 1997년에 한 소비자가 '아폴로 13(1995년 영화 개봉, 톰 행크스 주연)'을 대여했다가 6주가 지나 반납하면서 40불의 연체료를 물었습니다. 그 소비자는 고액의 연체료에 화가 났고, 자신이 직접 비디오 대여점을 창업했습니다. 연체료 걱정이 없는 비즈니스를 시작한 것인데, 그가 바로 넷플릭스를 창업한 리드 헤이스팅스입니다.

넷플릭스는 기존 업체들의 관성(Orthodoxy)을 깨는 것으로 사업을 시작했습니다. 1998년에 고객이 직접 방문할 필요가 없도록 우편 주문 방식을 도입했고, 연체료 걱정이 없는 월 단위 구독료 방식도 시작했습니다.

리드 헤이스팅스는 창업 후 3년이 지난 2000년에 블록버스터를 찾아갑니다. 넷플릭스의 주식 49%를 5천만 불에 넘기겠다는 제안을 했고, 넷플릭스가 블록버스터의 온라인 서비스 제공자가 되길 바랐습니다. 하지만, 블록버스터는 관심이 없었고 헤이스팅스의 제안을 단칼에 거절했습니다. 독자 생존에 나선 넷플릭스는 2002년에 상장을 했고, 2003년에 처음으로 6.5백만 불의 순이익을 냈습니다. 인터넷이 점차 활성화되자, 2007년에는 온라인 스트리밍 서비스를 개시했고, 2010년에 S&P 500에 들어갔습니다. 넷플릭스의 혁신은 거기서 멈추지 않았습니다. 2013년에는 자체 콘텐츠를 제작하는 도전을 시작했으니까요. 비즈니스가 콘텐츠 유통뿐만 아니라 콘텐츠 제작으로 확대되었다는 것은 더 많은 상대, 더 강한 상대와 겨루어야 한다는 것을 의미합니다. 넷플릭스는 여태껏 승자의 저주에 걸리지 않고, 끊임없이 혁신을 추진하고 있습니다.

블록버스터는 기존 사업을 더 성장시키기 위해서 1997년에 존 안티오코(John Antioco)를 새로운 CEO로 영입합니다. 안티오코는 당시 펩시코에서 타코벨의 CEO로 재임하며 턴어라운드에 힘을 쏟고 있었습니다. 그는 타코벨에 부임한 초기에 기존 사업전략을 검토한 후, 굳이 새로운 전략을 도입할 필요가 없다고 생각했습니다. 실제로 기존 전략을 바꾸지 않고도 적자가 나는 매장들을 흑자로 바꾸어 나가는 과정은 순조로웠습니다. 그는 턴어라운드를 위해 기존 방식을 폐기할 필요가 없다는 것을 경험으로 알게 되었습니다.*

안티오코가 블록버스터에 부임할 당시, 외부에서는 블록버스터 같은 전통적인 유통 채널들이 새로운 기술 발달과 시장 변화로 위협을 받을 수 있다고 우려했습니다.

---

* John Antioco, 2011, 'How I did it: blockbuster's former CEO on sparring with an activist shareholder', Harvard Business Review.

그러나 안티오코는 블록버스터의 몇 가지 문제는 금방 해결할 수 있고, 기술 변화가 당장 심각한 위협이 되지는 않으리라 생각했습니다. 시장 점유율도 25%에 불과해서 더 성장할 수 있다고 판단했습니다.

안티오코가 사업의 가장 큰 문제로 생각한 것은 비디오를 개당 65불에 영화사로부터 사 오는 것이었습니다. 비디오를 30회 이상 대여해야만 손익분기점을 넘는 금액이었죠. 인기 영화가 비디오로 출시되면 많은 사람이 빨리 보고 싶어했기 때문에 대여업체가 충분한 수의 비디오를 확보하려면 엄청난 금액을 투자하는 것도 큰 부담이었습니다. 그는 영화사에 새로운 제안을 했습니다. 비디오 1개당 1불에 사고, 해당 비디오를 대여해서 벌어들인 전체 수익의 40%를 나중에 지급하겠다는 것이었죠.

블록버스터는 인기 비디오를 출시 초기에 큰돈 들이지 않고도 대량으로 확보할 길이 열렸고, 영화사는 시장 반응에 따라서 더 큰 수익을 얻을 수 있는 방법이었습니다. 블록버스터는 "I'll Be There." 광고 캠페인을 대대적으로 전개했고, 매장당 매출과 점유율은 빠른 속도로 올라갔습니다.

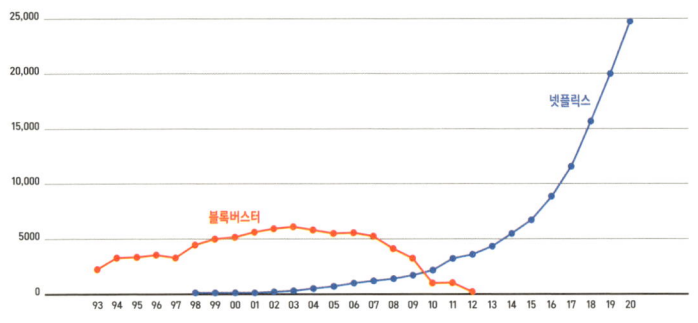

블록버스터와 넷플릭스의 연도별 매출 추이

블록버스터는 2003년에 45%의 시장점유율을 차지했고, 2004년에 매장 수는 전 세계적으로 9천여 개, 매출액은 59억 불(한화 약 6.5조)에 달했습니다. 블록버스터는 2004년에 온라인 대여 시장에 진입했고, 그해 12월에 "No Late Fees"라는 프로모션을 했습니다. 당시, 블록버스터 온라인(Blockbuster Online)을 런칭하는데 2억 불, 그리고 연체료를 없애는데 2억 불 정도로 예상되는 큰 투자였습니다.

안티오코는 오프라인 매장 사업을 질서 있게 줄여나가면서, 동시에 온라인 기반의 새로운 사업도 발전시키려고 했습니다. 양손잡이 조직을 운영하려고 했던 것이죠. 그러나 기존 사업의 개선과 새로운 사업의 혁신을 함께 추진하려던 그의 전략은 심한 내부 반대에 부딪혔습니다. 이사회를 장악한 행동주의 펀드가 기존 사업에 초점을 맞추고 연체료도 재개해서 수익성을 높이라고 계속 압박했던 것입니다. 안티오코는 자신의 전략을 제대로 추진할 수 없었고, 블록버스터는 성장의 기회를 잡지 못했습니다. "No Late Fees" 프로모션은 복잡한 정책 때문에 소송을 당하기도 했습니다. 고객들은 제날짜에 반납을 안 해도 연체료가 없을 거로 생각했는데 알고 보니 반납 날짜에서 1주일의 유예기간이 지나가면 소매 가격에 해당 비디오를 구매하거나 아니면 보관료를 내야 했기 때문입니다. 2006년에 블록버스터의 온라인 서비스 구독자는 2백만 명이었는데, 넷플릭스는 6백만 명이 넘었습니다.

이사회와 갈등을 겪던 안티오코는 2007년에 사임했고, 후임자 짐 케이스(Jim Keyes)는 온라인 서비스 가격을 대폭 인상하며, 오프라인 매장 사업에 치중했습니다. 부진을 겪던 블록버스터는 2010년에 새로운 영화를 넷플릭스보다 28일 먼저 볼 수 있다는 광고를 하면서, 연체료 제도를 다시 도입했습니다.

연이은 패착으로 시장의 흐름을 바꿀 수 없었던 블록버스터는 결국 2010년에 뉴욕 증시에서 퇴출되었고, 파산 보호 신청을 하고 맙니다. 안티오코는 블록버스터를 그만둔 뒤, 넷플릭스 주식을 20불에 매수했다고 합니다. 넷플릭스의 성장을 확신했기 때문인데, 20불에 산 주식을 35불에 팔면서 자신을 천재라고 생각했다네요. 넷플릭스의 주가가 2020년 하반기에 500불을 돌파했는데, 당시에 그 정도까지 예상하기는 어려웠을 것입니다.

양손잡이 조직을 구축하는 방법은 무엇일까요? 투시먼을 비롯해서 후속 연구자들이 제시하는 방법은 다음 세 가지입니다.

첫 번째는 혁신(Exploration)과 개선(Exploitation)을 구조적으로 분리하는 것입니다. 혁신과 개선을 담당하는 조직을 이원화해서 서로 간섭하거나 충돌하는 것을 막고, 각각의 전문성과 강점을 살리는 방식입니다. 두 번째는 시간적으로 분리하는 것입니다. 신사업 런칭이나 신제품 출시 초기에는 혁신 위주로 운영하다가, 점차 개선 위주로 조직을 운영하는 방법입니다. 세 번째는 직원들이 스스로 선택하는 방법입니다. 3M의 15% 규칙이나 구글의 20% 규칙이 대표적인데, 근무 중 일부 시간에는 혁신에 집중해서 새로운 탐험을 활성화하는 방법입니다.

이 세 가지 접근방식의 공통점을 추려보면, 혁신을 개선과 분리하고, 혁신에 대해 지원은 하지만 간섭은 하지 않는 것입니다.

국내에서 양손잡이 조직에 대한 논문은 2000년대 이후 조금씩 늘어나고 있습니다. 머니투데이의 'Key Platform 2015'은 양손잡이 조직에 관한 사례를 집중적으로 다루었고, 그 세부내용을 '양손잡이 기업의 비밀'이라는 책으로 출간하기도 했습니다.

그러나 양손잡이 조직을 실제로 운영하는 것은 무척 어렵습니다. 오른손과 왼손을 모두 쓰면 두뇌 발달에 도움이 된다는 것을 알지만 막상 양손잡이가 별로 없는 것과 비슷합니다. 익숙하지 않은 손을 사용하는 것은 무척 불편하고, 시간도 오래 걸리니까요. 개선과 혁신을 함께 운영하면 조직의 경쟁우위 유지에 도움이 될 테지만, 혁신은 장기간 노력과 투자를 해야 한다는 부담이 큽니다. 블록버스터 사례에서 알 수 있듯이, 불확실성이 높은 저성장기에 혁신을 위한 인풋을 투자가 아니라 비용으로 볼 가능성이 높습니다. 투자하면서 간섭을 할 가능성도 높습니다. 이처럼 양손잡이 조직은 너무 어렵기 때문에 경쟁 우위가 될 수 있는 것인지도 모릅니다. 누구나 알지만 아무나 못 하는 것. 그것이 바로 핵심 역량의 본질이니까요.

최근에는 애자일 조직(Agile Organization)에 관한 사례 연구와 벤치마킹도 큰 인기를 얻고 있습니다. 애자일 조직의 가장 큰 특징은 변화에 대응하는 조직이 탑다운이 아니라 자율적으로 만들어진다는 점입니다. 직원들이 자신의 아이디어를 실험하고 검증하고 싶을 때, 자신의 의지로 조직을 구성하거나 참여할 수 있죠. 이것을 복잡계 이론에서는 자기 조직화라고 표현하는데, 애자일 조직은 자기 조직화를 손쉽게 만드는 방법이라고 할 수 있습니다.

양손잡이 조직과 애자일 조직의 특징을 종합해보면, 탐험대의 구성과 운영은 다음 세 가지 원칙으로 관리되는 시스템이 요구됩니다.

'탐험대는 전문가로 구성한다'
'탐험대에 대해서 지원은 하되, 간섭은 하지 않는다'
'탐험대는 자율적으로 만들어지고 참여할 때 효과적이다'

02. 탐험대의 마인드셋

탐험을 위한 전문가 조직이 꾸려졌다면, 탐험대의 조직력은 어떻게 발전시키면 좋을까요?

탐험대 리더가 스콧처럼 썰매는 직접 몸으로 끌어야 제맛이라고 고집한다면, 섀클턴처럼 이런저런 아이디어를 잔뜩 제시하면서 테스트는 하지 않는다면, 아문센처럼 썰매 개와 스키가 핵심이라면서 한없이 연습만 한다면, 대원들은 정말 답답할 것입니다.

이런 리더들은 공통적으로 '내가 옳다'는 생각의 감옥에 있으면서 스스로는 자유롭다고 생각합니다. 리더의 머리와 팀원의 손발을 조합하는 것이 조직력이라고 생각합니다. 그런 상사 밑에서 팀원들은 자율성과 동료애, 그리고 일을 통한 성장*을 경험하기 어렵습니다. 직원들의 내재적 동기가 충족되지 않는 상황에서 팀원들의 만족도나 몰입도는 낮을 수밖에 없습니다.

조직디자인 연구소의 정재상 대표는 '애자일 컴퍼니'에서 리더들이 변화가 빠른 불확실한 환경에서 '모른다는 것을 모르는' 경우가 많다고 지적합니다. 여기에 한 가지를 더하면 리더들이 '그때는 맞았지만 지금은 틀리다는 것을 모르는' 것도 큰 이슈인 것 같습니다.

블록버스터가 2004년에 본격적으로 온라인 대여 사업을 계속 과감하게 추진했다면, 넷플릭스도 힘겨운 싸움을 했을 것입니다. 그러나, 블록버스터의 적은 외부가 아니라 내부에 있었습니다. 기존의 방식을 고수하는 것을 당연하게 생각한 이사회 멤버들 말입니다.

---

* 에드워드 데시(Edward Deci)와 리차드 라이언(Richard Ryan)은 자기결정성 이론(Self-determination theory)에서 사람들의 심리적 기본욕구를 자율성(Autonomy), 관계성(Relatedness), 유능성(Competence) 세 가지로 제시하고 있다. 자세한 내용은 에드워드 데시 외, '마음의 작동법(Why we do what we do)', 에코의서재, 참고.

안정된 시기에는 과거의 경험이 오랜 기간 효과적인 해결책이 될 수 있었습니다. 그러나, 최근의 급속한 환경 변화는 보이지 않는 손이 리셋(Reset) 버튼을 누른 것처럼 갑작스러운 단절을 만들어냅니다. 리더는 리셋된 상황에서 두 가지를 고려해볼 수 있습니다. 과거에 저장해 둔 것을 재생(Repeat)해서 과거에 머물거나, 새로 고침(Refresh)을 누르고 새 출발을 할 수 있습니다. 블록버스터 사례에서 존 안티오코는 새로 고침을 누르며 변화를 모색했지만, 짐 케이스는 재생 버튼을 누르면서 그것이 사업을 영원히 종료시키는 버튼이라는 것을 알지 못했습니다.

이처럼 누군가는 기회와 위험을 보지만, 누군가는 보지 못하는 이유는 무엇일까요?

블록버스터와 넷플릭스의 사례로 돌아가서 2000년부터 2007년을 살펴보겠습니다. 존 안티오코가 2003년에 역대 최고의 성과를 달성했을 때, 블록버스터의 매출은 넷플릭스의 21.7배였습니다. 하늘과 땅 차이였죠. 과연 이 엄청난 격차를 넷플릭스가 줄일 수 있을까요? 존 안티오코는 그렇다고 보았습니다. 그가 4천억 불(한화 약 4400억)이 넘는 투자를 하겠다고 했을 때, 지금 기회를 잡지 않으면 위험이 닥칠 수 있다고 생각했을 것입니다. 하지만, 짐 케이스는 블록버스터와 넷플릭스의 격차는 금방 줄어들지 않을 것이라고 예상했습니다. 전임자의 투자는 시기상조이고 무리수라고 생각했을 것입니다. 누구의 예측이든 당시에는 미지수였습니다.

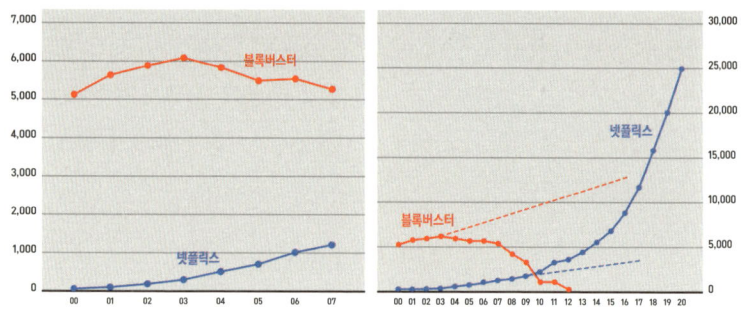

블록버스터 이사회와 경영자의 예측 오류

사람들은 추세를 예상할 때 아래 그림의 S자 곡선에서 알 수 있듯이 현재 성과를 기준으로 하는 경우가 많습니다. 지금까지 성과가 저조했다면 앞으로도 그럴 것이고, 지금까지 상승세였다면 앞으로도 그럴 것이라고 전망하는 것이죠. 안정적인 상황에서는 예측 가능성이 높지만, 불확실성이 높을 때는 예측 가능성이 낮습니다. 인과관계를 모르니 당연한 결과입니다.

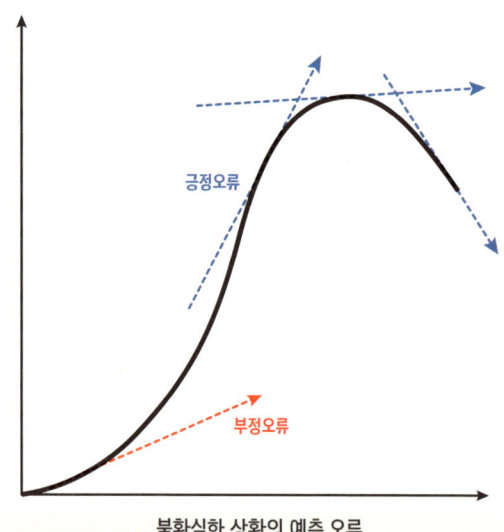

불확실한 상황의 예측 오류

빠른 변화 속에서 기회와 위험을 감지(Sensing)하는 것은 모래사장에서 바늘을 찾는 것처럼, 수많은 잡음을 걸러내고, 소수의 정보를 발견하는 작업입니다. 사람에게 자신이 잘한다는 긍정편향, 자신이 옳다는 과잉확신, 그리고 보고 싶은 것만 보는 확증 편향이 있다는 점을 고려하면, 기회와 위험을 감지하는 것은 무척 어려운 작업입니다.

성공은 아버지가 많고, 실패는 고아라는 말이 있습니다. 리더들은 성공을 운보다는 자신들의 공로로 돌리는 경우가 많습니다. 자신이 성공을 계획했고, 실현했다는 주장도 선견지명이 아니라 사후 편향(Hindsight bias)의 함정에 빠진 것입니다. 결과를 알고 난 후에 자신의 계획을 합리화하는 것이죠. 그러면서 리더의 자기확신은 강해지고, 자신과 다른 관점에 대해서는 수용성이 떨어집니다.

스콧이 첫 남극 탐험에서 돌아왔을 때, 자신의 저조한 성과를 비난받을지 몰라서 불안했습니다. 그러나 영웅으로 환대받자 불안은 사라졌고, 자기확신은 더 강해졌습니다. 그가 남극점에 재도전하면서 과거의 경험을 바탕으로 꼼꼼한 계획을 세웠을 때, 딱 한 가지가 문제였습니다. 과거를 되풀이하면서 다른 변수의 발생 가능성과 그에 대한 대처는 고려하지 않았다는 점입니다.

미시간대 칼 와익(Karl E. Weick) 교수는 'Managing the Unexpected'*에서 우리가 자신의 관점이나 이해를 의문시하지 않고, 업데이트도 하지 않고, 관점과 맞지 않는 현실을 간과한다고 말합니다. 나중에 큰 사건으로 이어지는 작은 징후가 발생했을 때, 우리가 그것을 눈여겨보기보다는 무시하고 그 위험성을 과소평가하는 경우가 많다는 것이죠.

---

* 2001년 초판에서는 이 책의 부제가 Assuring high performance in an age of complexity였는데, 2007년 2판에서는 Resilient performance in an age of uncertainty로 바뀌었고, 2015년 3판에서는 Sustained performance in a complex world로 바뀌었다. 자신의 이론에 대해서 점점 더 확신을 하는 뉘앙스가 보인다.

이러한 인식의 오류는 피하기 어려워서 누구나 편향의 함정에 풍덩풍덩 빠지고 맙니다. 따라서 개인의 편향은 개인의 노력으로 대처하는 것보다 시스템으로 대처하는 것이 훨씬 효과적입니다. 애초에 조직이란 혼자서 할 수 없는 것을 여럿이 하기 위한 것이니까요. 탐험대의 리더는 자신이 편향의 함정에 빠지기 쉽다는 점을 인식하고, 탐험대의 조직력으로 문제를 해결해야 합니다.

또한, 불확실한 상황에서 모든 인과관계를 알 수 없기 때문에 완벽한 시스템을 갖추는 것은 불가능합니다. 외부 변화에 유연하게 대응할 수 있는 시스템을 갖추는 것이 더 효과적입니다. 시스템 일부의 변화가 다른 부분의 변화와 조화가 될 수 있도록 시스템 요소들 간의 상호조정도 지속적으로 해야 합니다.

스콧, 섀클턴, 아문센의 공통적인 문제는 탐험대를 변화에 유연하게 대응하는 시스템으로 보지 않았다는 점입니다. 스콧은 의지로 모든 어려움을 해결하려고 했습니다. 섀클턴은 다양한 아이디어 중에 무엇인가가 해결책이 되길 바랐습니다. 아문센은 완벽한 계획으로 모든 문제를 해결하려고 했습니다. 그들은 남극에서 겪는 불확실성을 자신들이 미리 계획한 대로 대응했을 뿐, 현장에서 집단지성을 발휘하여 새로운 해결책을 찾으려고 하지는 않았습니다. 그들은 탐험대를 폐쇄된 시스템으로 운영했습니다.

리더의 경험과 확신은 안정적인 환경에서 예측 가능성을 높여주지만, 불확실한 환경에서는 적응력을 떨어뜨립니다. 헨리 민츠버그는 이것을 사전결정의 오류(fallacy of predetermination)라고 표현합니다. 계획은 리더로 하여금 계획이 옳다는 것을 확인시켜주는 증거를 찾게 하고, 그렇지 않은 증거는 회피하게 만듭니다. 성과관리에 사용되는 주요 지표는 조직의 관심을 집중시키는 데 도움이 되지만, 새로운 데이터를 걸러내는 부작용을 낳기도 합니다.

자신의 예상에 맞는 증거만 취사선택해서 자신이 옳고, 통제를 잘하고 있다는 근거로 삼는 것이죠. 결국 예상과 다른 차이는 더 무시할 수 없을 정도로 손실이 커진 후에야 비로소 인식됩니다. S자 곡선에서 변곡점을 지난 시점이라서, 경쟁사는 급격한 상승세를 타고, 자사는 하락세로 넘어간 후입니다. 특히, 자사의 폐쇄형 시스템 내부에 부정적 악순환이 계속되면서(negative feedback loop), 회복할 수 없는 데미지가 누적되어 시스템이 무너질 수도 있습니다.

칼 와익은 외부 변화에 대응하려면 집단적 감수성(mindful organizing)이 필요하다고 말합니다. 이것은 건물의 내진 설계를 갖춘 다음, 외부에서 오는 충격을 건물이 흡수했다가 신속하게 다시 안정된 상태로 회복하는 능력을 의미합니다. 데이빗 티스 교수의 동적 역량과 비슷한 개념인데, 칼 와익이 특히 강조하는 것은 외부의 미세한 진동을 감지하는 능력입니다. 편향에 빠지기 쉬운 개인이 이러한 미세한 진동을 감지하고 초기에 대응하는 것은 어렵습니다. 그러나 여러 사람이 협력한다면 가능합니다. 마치 여러 개의 렌즈를 모아서 큰 망원경을 만들면 더 많은 것을, 더 자세히 볼 수 있는 것과 비슷합니다.

헐리우드 히어로 영화의 최근 트렌드는 어벤져스 시리즈나 저스티스리그에서 알 수 있듯이 주인공이 단독 주연이 아니라 공동 주연인 경우가 많습니다. 우주 최강의 빌런이 막강한 병력과 힘을 가지고 있기 때문에, 히어로 혼자서 세상을 구할 수가 없게 되었습니다. 슈퍼히어로조차 모든 것을 알 수 없고, 모든 것을 할 수도 없으니까요.

리더의 역할도 마찬가지입니다. 리더의 개인기로 감당하기에는 변화가 너무 불확실하고 복잡하고 빠릅니다. 리더는 권한위임을 통해서 리더의 역할을 분산시켜야 합니다. 사람은 모두 불완전하지만, 서로 협력하면 개인의 한계를 뛰어넘는 큰 힘을 만들어낼 수 있습니다. 우리 모두를 합친 것보다 더 뛰어난 사람은 없기 때문인데, 이것을 공유 리더십(Shared leadership)*이라고 부릅니다. 팀원들이 자신의 주특기가 필요할 때 언제든 리더십을 발휘하는 방식입니다. 이를 통해 리더 한 사람에게만 의존할 때 발생하는 리스크를 구성원들의 강점과 영향력을 활용하여 줄일 수 있습니다.

특히 리더의 확신조차 가설로 바라보면서 검증을 하게 되면, 초기에 예상과 다른 작은 차이를 발견할 수 있습니다. 탐험대의 집단 렌즈를 이용해서 확증편향의 함정을 피해갈 수 있죠. 여기서 집단의 감수성은 개념의 여유(conceptual slack)가 있을 때 잘 작동한다는 점을 잘 살펴야 합니다. 개념의 여유란 조직 구성원들의 다양한 관점을 존중하며, What if…? 관점에서 서로에게 질문하고, 정보를 공유하고, 의견을 나누는 상호작용을 하는 것입니다.

따라서 탐험대의 리더는 아침마다 거울을 보며 확신의 덫을 피하는 주문을 외워야 합니다.

'내가 아는 것이 틀릴 수 있다'
'내가 모른다는 것을 모를 수 있다'
'내가 보지 못하는 것을 집단의 눈으로 보면 볼 수 있다'

---

* 공유 리더십의 4가지 유형과 주의할 점은 Miles & Watkins, 2007, 'The leadership team: Complimentary strengths or conflicting agendas?', Harvard Business Review. 공유 리더십의 특징은 Marshall Goldsmith, 2010, 'Sharing leadership to maximize talent', Harvard Business Review. 공유 리더십으로 전환할 때 고려할 이슈에 대해서는 Declan Fitzsimons, 2016, 'How shared leadership changes our relationships at work', Harvard Business Review 참고

03. 탐험대의 문제해결 스킬

탐험대는 낯선 환경에서 예상하지 못한 많은 이슈를 경험하기 때문에 문제해결 능력을 갖추어야 합니다. 칼 와익이 말한 조직의 회복력(organizational resilience)은 집단의 문제해결력, 혹은 학습조직과 같은 의미입니다. 다양한 전문가로 구성된 탐험대는 여러 갈래의 전문성을 가지고 있기 때문에 외부에서 큰 충격이 오더라도 그 충격을 흡수한 후, 학습과 문제해결을 통해 신속하게 안정된 상태를 회복합니다. 그리고 이러한 과정이 반복될수록 집단의 문제해결 능력은 계속 발전해 갑니다. 집단의 감수성이 집단의 학습력으로 연결되고, 이것이 다시 지속적인 성과를 만들어내는 선순환이 되는 것이죠.

탐험대에 문제가 발생했을 때 가장 흔한 대처 방법은 누군가를 비난하는 것입니다. 비난은 우리의 관심을 시스템이 아니라 개인을 향하게 합니다. 시스템을 바꾸는 것보다는 사람을 비난하는 것이 간단하고 신속한 해결 방법인 것처럼 보이니까요. 그러나, 개인을 비난하는 것은 원인을 해결한 것이 아니기 때문에 문제가 자꾸 재발합니다. 그럴 때마다 시스템은 약해지고, 사람은 상처를 받으면서, 조직의 회복력은 점차 불능 상태로 빠지게 됩니다. 따라서 탐험대 리더는 문제에 부딪히면 누구의 잘못인가를 묻기보다는 무슨 일이 일어난 것인가를 묻고, 적절한 해결책을 찾기 위해 직원들과 머리를 맞대야 합니다.

이처럼 문제를 해결하는 과정은 사람들 간의 관계와 대화가 필수적입니다. 이때, 자신의 의견이나 정보를 솔직하게 말하면 불이익을 당할 수 있다는 우려가 생길 수 있습니다. 특히, 리더의 의견을 반대하는 것은 심리적 부담감이 큽니다. 사람들이 리더에게 앞에서 말 못하고 뒤에서 이야기 하는 것은 이러한 심리적 불안감 때문입니다.

따라서 리더가 직원들의 심리적 안전감을 주의 깊게 살피고 촉진하는 노력을 해야 팀원들의 침묵을 소통으로 바꿀 수 있습니다.* 그럼 심리적 안전감을 바탕으로 문제를 해결할 때 효과적인 접근방식은 무엇일까요? 코넬 대학의 마케팅 행동과학과 교수인 에드워드 루소(Edward Russo)는 의사결정 과정을 4단계로 구분한 다음, 기업 임원들이 각 단계에서 목표로 하는 시간과 실제 투입하는 시간을 조사하였습니다.**

의사결정 단계	목표 시간	실제 시간
1. 결정의 틀 짓기	22%	12%
2. 정보 수집하기	33%	40%
3. 결론에 도달하기	22%	35%
4. 경험으로부터 학습하기	23%	13%

임원들이 의사결정의 각 단계에 목표 대비 실제 투입하는 시간

표에서 알 수 있듯이, 기업 임원들은 대부분 정보 수집과 결론 도달에 많은 시간을 사용합니다. 가급적 많은 정보를 수집해서 결론에 도달하는 것은 합리적인 것처럼 보입니다. 하지만 의사결정의 틀에 따라서 어떤 정보를 수집하고, 어떻게 그 정보를 분석할 것이지 접근 방법이 달라집니다. 의사결정의 첫 단추를 잘못 끼우면 고정 관념의 덫에 걸린 채 정보 수집과 결론에만 매달리면서 실패가 반복될 수 있습니다.

---

* 심리적 안전감은 자신에 대한 부정적 결과를 두려워하지 않고, 자신의 의견이나 아이디어를 표현할 수 있다고 믿는 것이다. 심리적 안전감에 관한 초기 연구는 1965년의 에드가 샤인과 워렌 베니스의 조직 변화 연구로 거슬러 가는데, 이들은 구성원들이 변화에 안심하고 적응할 수 있도록 심리적 안전감이 필요하다고 했다. 후속 연구에 따르면, 심리적 안전감이 높을 경우, 직원들의 발언이 촉진되고, 조직의 학습이 활성화되며, 업무 성과에도 긍정적인 영향을 미친다. 반대로, 심리적 안전감이 낮을 경우, 불확실한 환경에서 높은 수준의 성과 목표를 달성하는 과정에서 조직 구성원은 실수나 실패에 대한 불안감 때문에 역량을 충분히 발휘할 수 없고, 경험을 통한 학습이나 성과 달성에도 어려움을 겪게 된다. 자세한 내용은 에이미 에드먼드슨, '두려움 없는 조직(The fearless organization)', 최윤영 옮김, 다산북스; 에이미 에드먼드슨, '티밍: 조직이 학습하고 혁신하는 스마트한 방법', 오지연 옮김, 정혜, 참고. | ** 에드워드 루소, 폴 슈메이커, '이기는 결정', 김명언 등 옮김, 학지사, pp. 43-47

문제 해결을 위한 접근 방법은 여러 가지입니다. 예를 들어, 공급망 개선은 린(Lean), 품질 개선은 6시그마, 업무 개선은 제약이론(Theory of Constraint, TOC), 고객 경험을 개선할 때는 디자인 씽킹(Design Thinking) 등을 고려해볼 수 있습니다. 이러 여러 가지 문제해결 방법마다 고유한 특징이 있지만 공통점도 많습니다. 특히 문제해결의 기본원리 4가지를 이해하면 다양한 문제해결 방법을 학습하고 활용하는 것이 좀 더 쉬워집니다.

첫 번째, 문제해결의 과정은 크게 진단과 처방의 두 단계로 구분이 됩니다. 문제가 무엇인지 특정하고, 그 문제를 해결할 수 있는 방법을 찾는 것입니다. 이것은 의사가 환자를 진찰해서 어떤 병인지 확인한 후에 그 병의 치료법을 찾는 것과 같습니다.

> 진단 〉 처방 〉

두 번째, 진단과 처방은 모두 발산과 수렴의 과정을 거칩니다.* 진단은 환자가 겪는 통증이나 증상을 알아보듯이 과제나 문제에 관련된 이슈를 조사하는 것입니다. 조사 과정에서 경험, 관찰, 인터뷰, 설문조사, 자료 분석 등을 진행해서 다양한 이슈를 수집하는 활동이 진단의 발산 과정입니다. 이렇게 수집한 다양한 문제를 분석해보면, 소수의 문제가 차지하는 비중이 높거나 혹은 소수의 원인이 다수의 문제를 만들어내고 있다는 것을 알 수 있습니다. 이러한 소수의 문제나 원인을 찾아내는 것이 진단의 수렴 과정입니다. 처방도 마찬가지입니다. 문제를 해결하기 위한 아이디어는 여러 방법을 통해 수집할 수 있는데 이것이 처방의 발산 과정입니다. 브레인스토밍이나 브레인라이팅 같은 아이디어 발상법이 대표적입니다.

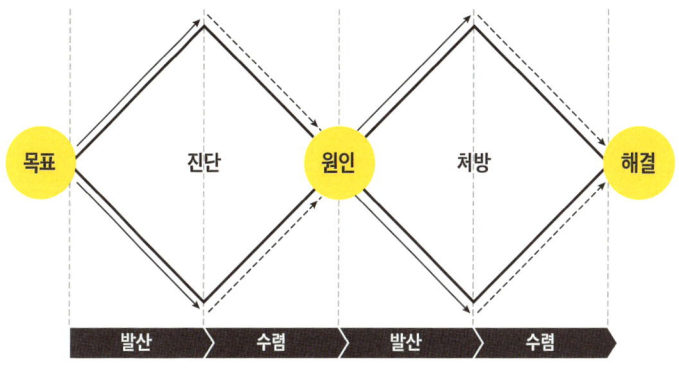

문제해결에서 발산과 수렴의 과정

그다음, 여러 가지 아이디어 중에서 가장 효율적이거나 효과적인 해결책을 찾아가는 과정이 처방의 수렴과정입니다. 발산과정에서는 결과물이 많을수록 좋고, 수렴과정에서는 결과물이 적을수록 좋습니다.

세 번째, 진단과 처방의 전체 과정을 살펴보면, 세 개의 초점이 있다는 것을 알 수 있습니다. 진단은 목표와 연계된 문제의 원인을 찾고, 처방은 그 원인을 해결할 최적의 방안을 찾는 과정입니다. 따라서 문제를 해결하는 과정은 목표 설정, 원인 파악, 해결 방안을 위한 각각의 초점을 찾는 과정이라고 할 수 있습니다. 세 개의 초점을 좁힐수록(단 하나의 초점을 찾을 때 레이저 포커스라고 한다) 문제 해결이 쉬워지고 그 기대효과가 커집니다.

게리 켈러는 '단 하나의 일, 그것을 함으로써 다른 모든 일을 쉽게 혹은 필요 없게 만들 바로 그 일은 무엇인가?'**라고 말하며 초점 탐색을 강조하고 있습니다. 만약 초점이 좁혀지지 않는다면 그것은 매우 복잡한 이슈를 다루고 있는 것이기 때문에 애자일한 접근이 필요합니다.

---

* 호리 기미토시 저, 현창혁 옮김, 문제 해결을 위한 퍼실리테이션의 기술, 일빛사, pp.58-59. | ** 게리 켈러, 앞의 책, pp.139-144 참고.

시행착오를 통해 핵심적인 원인이 무엇인지, 혹은 핵심적인 해결방안이 무엇인지 찾아가야 하죠.

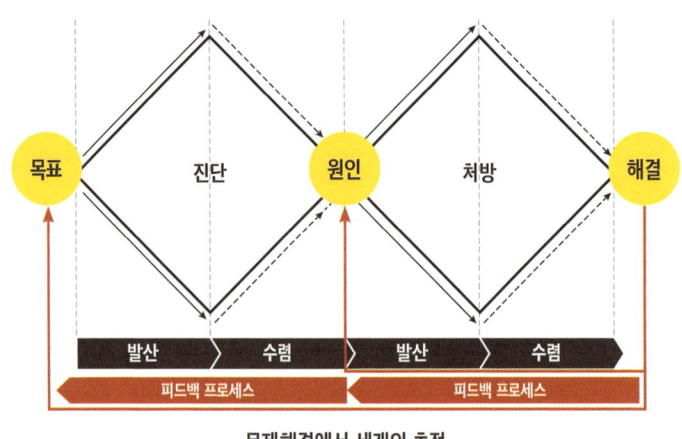

문제해결에서 세개의 초점

네 번째, 문제해결은 지속적인 과정입니다. 새로운 길을 개척하는 것이 한 번으로 끝나지 않으니까요. 결과가 기대보다 낮으면 새로운 원인이나 새로운 해법을 찾고, 결과가 기대보다 높다면 새로운 목표를 설정해서 새로운 문제로 옮겨가면 됩니다.

문제해결의 과정이 항상 한 방향으로 진행되는 것도 아닙니다. 실제로 문제를 해결하는 과정에서 단계를 건너뛰거나, 되돌아가는 경우도 무척 많습니다. 중요한 것은 만족스러운 결과를 얻을 때까지 문제해결의 과정을 지속해서 반복하는 것입니다. 그러한 반복을 통해서 문제해결 역량은 머리로 아는 지식이 아니라 실천으로 체득하는 습관이 될 수 있습니다.

결과를 리뷰하고 피드백할 때, 자주 이용되는 방법은 AAR(after action review) 입니다. 미국 육군에서 사용되던 방법이 점차 기업과 일반에 확산된 것으로 AAR은 크게 다음 4가지 질문으로 구성되어 있습니다.

❶ 목표는 무엇인가?
❷ 결과는 무엇인가?
❸ 목표와 결과의 차이는 어떤 원인 때문인가?
❹ 그 원인을 다음에는 어떻게 해결할 것인가?

피드백 프로세스에서 주의할 점은 기존에 알고 있는 것이 틀릴 수 있고, 무엇을 모르는지 모르고 있다는 점입니다. 따라서, AAR을 할 때 리더와 직원들은 문제해결의 과정을 리뷰하면서 스스로에게 다음과 같이 챌린지해야 합니다.

'우리는 무엇을 안다고 생각했는가?'
'우리는 무엇을 알지 못했다는 것을 알게 되었는가?'

지금까지 문제 해결의 4가지 기본 원리를 살펴보았습니다. 이러한 원리는 조직의 시스템으로 구축해서 운영해야 합니다. 문제 해결의 과정을 크게 진단과 처방으로 구분하고, 과정마다 발산과 수렴을 거치면서, 점차 초점을 좁혀 나가고, 실행 결과를 검토한 후 지속적으로 개선이나 혁신을 추진하는 것을 조직의 일상적인 루틴으로 만드는 것이죠.

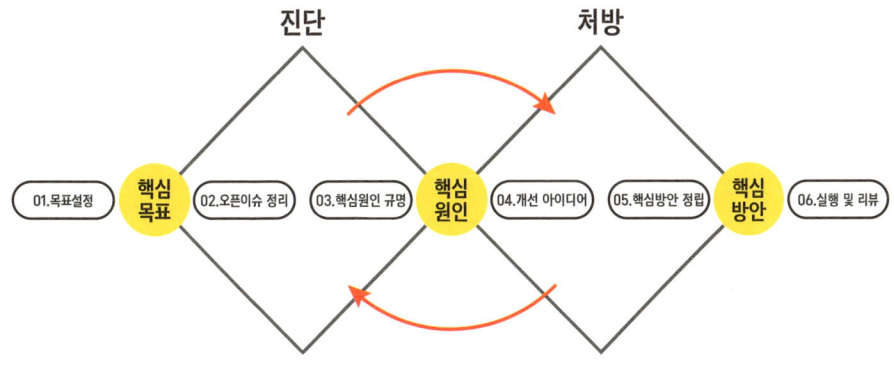

문제해결의 4가지 기본 원리를 표현한 3-FOCUS 모델

04. 초점을 찾아라!!!

탐험대의 미션은 목적지에 가는 최적화된 방법을 찾는 것입니다. 탐험대가 가설, 실험, 검증을 통해 길을 개척하면, 베이스캠프에 있는 본진이 탐험대가 개척한 길을 이용해서 목적지에 모두 이동할 것입니다.

스콧(디스커버리호 탐험)과 섀클턴(님로드호 탐험)은 계주 경기를 하듯 두 번의 탐험으로 남극점에 가는 대부분의 길을 찾았습니다. 그 과정에서 썰매에 실은 짐을 처음에는 몸으로 끌었고, 그다음에는 모터 썰매와 조랑말을 이용했습니다. 그들을 지켜보던 아문센(프람호 탐험)은 최단 거리의 출발점을 찾았고, 스키와 썰매 개가 가장 효율적이라는 것을 보여주었습니다.

앞에서 살펴본 FOCUS 모델에서 보면, 스콧은 문제해결을 위한 발산과 수렴의 과정을 전혀 거치지 않았습니다. 모든 문제는 의지로 해결한다는 원칙이 있었으니까요. 섀클턴은 아이디어 발산을 통해서 조랑말과 모터 썰매를 생각했지만, 수렴의 과정은 없었습니다. 아문센은 극지 탐험을 수년간 준비하면서 발산과 수렴의 과정을 거쳤고, 썰매 개와 스키의 최적 조합을 찾았습니다.

이처럼 발산과 수렴의 과정을 거쳐서 초점을 찾느냐 여부는 투입되는 자원과 성과에 큰 영향을 미치는데, 스콧이나 섀클턴은 왜 충분한 검토 없이 곧장 실행으로 뛰어들었을까요?

노벨 경제학상을 수상한 허버트 사이먼은 제한적 합리성(bounded rationality)을 제시합니다. 우리가 의사결정을 할 때, 인지적 자원을 최소한으로 사용하는 경향이 있다는 것입니다. 또 다른 노벨 경제학상 수상자 대니얼 카너먼은 우리 뇌에 두 가지 시스템이 있다고 말합니다.

우리 뇌의 무게는 체중의 2%를 차지하지만 몸 전체 에너지의 20%를 소비합니다. 사람의 에너지는 한정되어 있기 때문에 우리 뇌는 정신활동에 투입되는 에너지를 효율적으로 사용하기 위해서 두 가지 시스템을 운영하고 있습니다.

첫 번째 시스템은 반복적인 활동을 자동으로 처리하여 에너지 소비를 최소화합니다. 이것을 자동모드 혹은 시스템 1이라고 부르는데, 본능이나 습관 같은 무의식적인 활동이 대표적입니다. 두 번째 시스템은 의식적이며 통제적으로 정보를 처리하는데, 이것을 이성모드 혹은 시스템 2라고 부릅니다. 우리가 이성적으로 사고하고 판단하는 것이 시스템 2의 활동입니다.*

예를 들어, 초보 운전자는 본인의 동작을 하나하나 의식하면서 운전합니다. 초보 운전자가 차를 운전하고 나서 심한 피로를 느끼는 것은 이성모드인 시스템 2를 사용하느라 에너지를 많이 소모했기 때문입니다. 그러다가 차츰 운전에 익숙해지면 운전이 별로 힘들지 않고, 음악도 듣고, 대화도 하는 등 멀티태스킹이 가능해집니다. 자동모드인 시스템 1로 운전을 하는 것입니다. 프로 선수들이 기술을 익히는 과정은 시스템 2에서 시스템 1로 옮겨가는 것입니다. 프로 선수들이 본인에게 적합한 폼을 찾을 때는 앤더슨 에릭슨(Anderson Ericsson)이 말한 '신중한 훈련(Deliberate Practice)'을 하면서 이성모드를 사용합니다. 점차 그 폼을 반복적으로 연습하면서 몸으로 익히는 것은 자동모드를 사용하기 위해서입니다.

자동모드를 이용한 직감적인 판단을 휴리스틱(Heuristic)이라고 합니다. 휴리스틱이란 '발견하다'는 뜻을 가진 그리스어 heutiskein에서 나온 말인데, 간편추론법, 어림짐작법 등으로 번역됩니다.

---

* 대니얼 카너먼은 '생각에 관한 생각'에서 시스템 1을 빠른 생각, 시스템 2를 느린 생각으로 표현한다.

대니얼 카너먼은 휴리스틱 때문에 객관적 사실을 무시하고 '불완전하거나 비합리적인 판단'을 한다고 말합니다. 독일 막스플랑크연구소의 게르트 기거렌저(Gerd Gigerenger)는 휴리스틱을 기초로 판단하는 것이 오랜 시간 동안 생각해서 얻은 결론보다 나쁘지 않다는 주장을 합니다. 기거렌저와 카너먼은 각자 휴리스틱의 장점과 한계를 설명한 것인데, 단순하거나 반복적인 문제는 휴리스틱이 효과적이지만, 복잡하거나 새로운 문제는 의식적으로 해결하는 방법이 필요합니다.

우리가 그동안 살펴본 인지편향(cognitive bias)도 의사결정을 할 때 생각을 줄이고 판단을 신속하게 처리하는 사고 습관이라고 할 수 있습니다. 인간의 보편적인 편향과 휴리스틱, 그리고 개인마다 가지고 있는 성격 특성이나 성공 습관 모두 우리 뇌의 자동모드입니다. 조직의 관행이나 루틴도 조직의 에너지 소비를 줄이는 자동모드입니다. 의사결정과 행동의 기준을 미리 정해두면 매번 새로운 기준을 정하느라 자원과 시간을 낭비할 필요가 없으니까요.

스콧과 섀클턴이 극지탐험의 초짜이면서 충분한 검토 없이 곧장 실행으로 직행한 것은 그들이 더닝 크루거 클럽의 멤버라서 자동모드에 의존하기 때문입니다. 그들을 백업한 영국 정부와 주요 기관도 '알고 있다, 할 수 있다'는 과도한 자신감이 이성모드의 가동을 가로막고 있었고요.

이렇게 자동모드를 불확실한 상황이나 복잡한 문제에 적용하면, 엉뚱한 일을 열심히 하거나 여러 가지 일에 힘을 낭비하게 됩니다.

예를 들어, 모 기념관의 관람객들이 홈페이지 게시판에 '왜 기념관 건물을 훼손된 채로 방치하고 있느냐'는 불만을 자주 올렸습니다. 건물이 훼손되어서 너무 흉하다는 거였죠. 가장 흔한 해결책은 훼손된 곳을 말끔하게 보수하는 것입니다. 필요한 예산만 있다면 해결할 수 있는 문제입니다.

하지만, 훼손되는 원인을 해결하는 것은 아니기 때문에 보수를 계속 반복하느라 비용이 누적될 수 있습니다. 재조사한 결과, 청소할 때 사용하는 강한 산성세제가 훼손의 원인이라는 것을 파악했습니다. 산성세제가 원인이라면 해결책은 천연세제로 바꾸는 것입니다. 그런데 산성세제를 비둘기 배설물을 닦는 데 사용하는 것이라면 애당초 비둘기를 쫓아내면 됩니다. 좀 더 파악해보니, 비둘기가 거미를 잡아먹으려고 늘어났고, 거미가 많아진 이유는 나방이 많아서였고, 나방은 기념관의 야간 조명 때문에 모여든다는 것을 알게 되었습니다. 이제, 해결책은 간단합니다. 야간 조명을 나방의 활동시간을 고려해서 변경하면 되니까요.*

위의 사례에서 누군가는 훼손된 곳을 수리하고, 누군가는 천연세제로 청소를 하고, 누군가는 비둘기를 쫓아다니고, 누군가는 거미를 없애느라 매일 비지땀을 흘릴 겁니다. 다들 문제의 원인과 해법을 알고 있다고 생각할 것입니다. 하지만 원인이 아니라 증상을 해결하면 문제는 자꾸 재발합니다. 반복적인 문제해결에 자원과 역량을 낭비하는 것이죠. 이처럼 바쁘지만 성과가 낮은 일을 활동적 타성(active inertia)이라고 합니다. 러닝머신 위에서 열심히 뛰지만 앞으로 나아가지 못하는 것과 비슷합니다.

스키와 개를 사용할 줄 몰랐던 스콧은 직접 몸으로 썰매를 끌었습니다. 한마디로 사람이 개고생한 것인데, 문제와 해법을 모르면서도 안다고 착각한 탓입니다.

---

* 이것은 5WHY 기법을 설명할 때 흔히 인용되는 제퍼슨 기념관 사례인데, 실제와는 약간 차이가 있다. 미국 국립공원 관리청(National Park Service)은 1988년에 메릴랜드 대학의 저명한 곤충학자인 메스미스(Don Messersmith) 교수에게 제퍼슨 기념관과 링컨 기념관의 훼손 문제를 의뢰했다. 메스미스 교수는 1993년에 최종 보고서(Lincoln Memorial Lighting and Midge Study)'를 제출했는데, 훼손의 주요 원인은 조명 때문에 벌레들이 날아들어 알을 낳는 것이었다. 조명을 일몰 한 시간 뒤로 늦추는 해법은 6주간의 파일럿 테스트에서 매우 효과적인 것으로 나타났지만, 관광객들이 일몰 무렵에 조명이 있어야 기념사진을 찍을 수 있다는 항의 때문에 실행되지 못했다. 자세한 내용은 Joel A. Gross의 '5Whys Folklore: The truth behind a monumental mystery' 참고 http://thekaizone.com/2014/08/5-whys-folklore-the-truth-behind-a-monumental-mystery/

멀티태스킹을 하느라 바쁜 사람을 자주 볼 수 있습니다. 멀티태스킹이란 동시에 여러 일을 하는 것이 아니라, 작업을 계속해서 바꾸는 활동에 불과합니다. 한 가지 일에 집중하지 못하고 여러 가지 일을 옮겨 다니면 완전한 집중 상태로 다시 돌아가는데 10분에서 15분의 시간이 소모된다고 합니다.* 겉으로는 효율적인 것처럼 보이지만 실제로는 시간을 낭비하는 것으로 피로감** 때문에 의사결정의 질도 떨어집니다. 스탠포드 대학의 클리포드 나스 교수는 '멀티태스킹을 잘하는 사람들은 관련 없는 일에 푹 빠져서 쓸데없는 시간을 보내는 것'***이라고 꼬집기도 했습니다. 섀클턴이 가뜩이나 짧은 준비 기간에 모터 썰매와 조랑말, 그리고 썰매 개를 조달하느라 급하게 뛰어다닌 것을 생각해보면 그가 얼마나 비효율적으로 탐험을 준비했는지 알 수 있습니다.

이렇게 초점 없이 여러 일을 급하게 처리하느라 시야가 좁아지면 경험을 통해 학습하거나 통찰을 얻지도 못합니다. 시지프스처럼 같은 문제가 반복되는 일상에 지쳐서 학습된 무기력에 빠지게 되니까요. 아인슈타인은 '우리가 당면한 심각한 문제들은 우리가 그 문제들을 발생시킨 그 당시의 사고방식을 가지고는 해결할 수 없다. 같은 방법을 반복하면서 다른 결과를 기대하는 사람은 미친 사람'이라고 말합니다.

이처럼 의사결정을 조급하게 하면 시작은 빨라질 수 있지만, 시지프스처럼 무한반복의 지옥에 빠지게 됩니다. 인지적 에너지 소모를 줄인 대가로 엄청난 자원과 역량을 낭비하게 되는 것입니다. 따라서, 문제해결을 할 때는 충분한 시간과 노력을 투입해서 발산과 수렴의 과정을 통해 명확한 초점을 찾아야 합니다. 그렇게 하면 전체적으로 볼 때 최소의 자원으로 최대의 성과를 거둘 수 있습니다.

---

* 대니얼 골먼, '포커스', 박세연 옮김, 리더스북, p.292. 이것은 마치 제조 현장에서 생산라인을 바꿀 때마다 준비교체 시간이 낭비되는 것과 흡사하다. 제조현장에서 생산성의 핵심은 준비교체 시간을 최소화하는 것인데, 그 원리는 사무현장도 마찬가지이다.
** Shai Dnaziger, Jonathan Levav, & Liora Avnaim-Pessoa, 2011, 'Extraneous Factors in Judicial Decisions', Proceedings of the National Academy of Sciences 108(17), 6889-92. | *** 게리 켈러, '원씽', 구세희 옮김, 비즈니스북스, p.59에서 재인용

조직을 하나의 시스템으로 바라볼 때, 조직의 성과에 영향을 미치는 소수의 핵심적인 원인은 크게 세 가지로 구분할 수 있습니다. 이것을 문제해결의 삼총사 혹은 중요한 소수(vital few)라고 부르는데,* 파레토 법칙(2:8 rule), 근본 원인(root cause), 병목(bottleneck)** 등입니다.

파레토 법칙은 소수의 원인이 다수의 결과에 영향을 미치는 것을 의미하며, 2:8 법칙이라고도 합니다.*** 예를 들어, 여유 시간을 어떻게 사용하는지 체크해보니 매일 밤 습관적으로 SNS를 들여다보느라 상당한 시간을 낭비하고 있는 것을 발견했다면, 특정한 시간이나 요일을 정해서 SNS를 하는 원칙을 정할 수 있습니다.

근본 원인 해결은 눈에 보이는 증상이 아니라 그 증상을 발생시키는 원인이 무엇인지 분석하여, 마치 뿌리를 뽑는 것처럼 해당 원인을 해결하는 것입니다. 예를 들어, 앞에서 살펴본 모 기념관이 훼손되는 사례에서 야간 조명이 근본 원인이라는 것이 파악되면, 조명 시간을 변경하는 것으로 문제가 재발하는 것을 막을 수 있습니다.

병목 해결은 시스템의 구성 요소 중에서 흐름을 느리게 만드는 요소를 찾아서 해결하는 것입니다.**** 예를 들어, 운전을 하다 보면 차선이 줄어들면서 차량 흐름이 느려지는 병목 구간이 있습니다. 병목을 넓혀서 흐름을 빠르게 하거나, 혹은 병목에 맞추어서 흐름을 관리하면, 혼잡을 막고 전체 최적화를 할 수 있습니다.

---

* 품질경영의 구루인 조셉 주란(Joseph Juran, 1904년-2008년)이 1951년에 '품질관리 핸드북'이라는 책에서 '중요한 소수(Vital Few)와 사소한 다수(Trivial Many)'의 개념을 소개했다. | ** 문제해결의 삼총사 중에서 파레토 법칙은 로지컬 트리(logical tree), 근본원인은 5whys, 병목은 제약이론(theory of constraints, TOC) 등이 대표적이다. | *** 자세한 내용은 리처드 코치, '80/20 법칙', 공병호 옮김, 21세기북스 참고
**** 엘리 골드렛(Eliyahu Moshe Goldratt, 1948년~2011년) 박사는 병목을 관리해서 전체 최적화를 달성하는 제약이론(TOC, theory of constraints)을 제시했다. 그가 강조하는 제약은 클라우제비츠가 주장한 전쟁의 무게중심과 동일한 개념이다. 제약에 초점을 맞추면 손쉽게 전체 최적화를 달성할 수 있다는 것이 TOC 이론의 매력이다. TOC 이론의 자세한 내용은 엘리 골드렛, 'The Goal 1: 당신의 목표는 무엇인가', 강승덕 옮김, 동양북스; 엘리 골드렛, 'The Goal 2: 행운은 우연히 찾아오지 않는다', 강승덕 옮김, 동양북스 참고.

문제해결의 삼총사 같은 중요한 소수의 개념은 시스템의 아주 일부가 중요하므로, 그 핵심에 선택과 집중을 해야 한다는 점을 알려줍니다. 결정이라는 뜻의 영어 단어 Decision은 라틴어 cis, cid에서 왔는데, '자른다' 혹은 '죽이다'는 뜻이라네요. 대표적인 것이 영화의 편집입니다. 아카데미 시상식에서 최우수 작품상의 3분의 2 가량은 편집상 후보에서 나온 것이라고 합니다.

우리가 문제를 해결할 때도 너무 많은 이슈에 매달리면 제대로 성과를 낼 수가 없습니다. 중요하지 않은 것들을 과감하게 잘라내야 합니다. 탁월한 성과는 초점을 얼마나 좁힐 수 있느냐에 달려 있으니까요. 오직 하나의 초점, 레이저 포커스를 찾는 과정은 더 이상 더하거나 뺄 것이 없는 것을 찾아내는 것입니다.

스티브 잡스(Steve Jobs)가 1997년에 애플에 복귀한 후 2년 동안 애플에서 생산하는 제품의 가짓수를 350개에서 10개로 줄였다고 합니다. 잡스는 '집중이란 그 밖의 다른 좋은 아이디어들에 대해 NO라고 말하는 것을 뜻한다. 나는 우리가 한 일 못지않게 하지 않은 일도 자랑스럽게 여긴다'라고 했습니다. 후임자 팀 쿡(Tim Cook)도 마찬가지입니다. 그는 '우리는 복잡함보다 단순함을 믿는다. 우리는 수 천개의 프로젝트에 대해 아니오라고 말한다. 그것은 매우 중요하고 의미 있는 것에만 집중하기 위해서이다'라고 했습니다. 애플의 경쟁력은 바로 심플함입니다.

이처럼 자원과 역량을 초점에 집중하는 것이 바로 전략의 핵심입니다. 동서양의 고전인 손자병법과 클라우제비츠의 전쟁론[*], 현대의 란체스터 법칙[**]의 공통점은 아군의 병력이 적군보다 많을 때 이길 수 있다는 것입니다.

예를 들어, 이순신 장군이 임진왜란에서 23전 23승을 거둔 놀라운 업적은 잘 알려져 있는데요, 이순신 장군이 승률 100%를 달성한 비결을 오해하는 분들이 무척 많습니다. 바로 명량해전 때문입니다. 영화 '명량'은 관객 수 1,700만 명이 넘는 기록으로 역대 흥행 1위를 차지했습니다. 13척의 배로 10배가 넘는 왜군을 물리친 감동의 드라마였죠. 그러나 명량해전 때문에 전략의 핵심을 오해하기도 합니다. 이순신 장군이 대부분의 전투를 병력이 부족한 상태로 승리했다고 생각하는 것이죠. 그러나 사실은 정반대입니다. 이순신 장군은 임진왜란 첫해에 10전 10승을 했는데, 조선과 일본 수군의 병력 차이를 보면 대부분 싱거운 싸움이었습니다.

출전	해전 명칭	날짜	조선 수군	일본 수군
제 1차 출전	옥포 해전	1592. 5. 7	전선 28척	30여척
	합포 해전	1592. 5. 7	전선 28척	5척
	적진포 해전	1592. 5. 8	전선 28척	13척
제 2차 출전	사천 해전	1592. 5. 29	전선 26척	13척
	당포 해전	1592. 6. 1	전선 26척	21척
	당항포 해전	1592. 6. 5	전선 51척	26척
	율포 해전	1592. 6. 7	전선 51척	7척
제 3차 출전	한산 대첩	1592. 7. 8	전선 59척	73척
	안골포 해전	1592. 7. 10	전선 59척	42척
제 4차 출전	부산포 해전	1592. 9. 1	전선 81척	470여척

임진년 첫해의 조선 수군 대비 일본 수군의 병력 비교[***]

[*] 손자병법에는 '적군보다 10배의 병력이면 포위하고, 5배의 병력이면 공격하고, 2배의 병력이면 적을 분리시킨 후 차례로 공격하고, 맞먹는 병력이면 최선을 다하여 싸우고, 적보다 적은 병력이면 도망치고, 승산이 없으면 피하라'는 대목이 있다. 클라우제비츠는 전쟁론에서 '적의 전투력이 갖는 본질을 세밀하게 추적하여 원천 중의 원천을 찾아내야 한다. 그 원천은 가급적 적어야 하며 단 하나로 압축할 수 있다면 더 좋다. 이 원천에 대한 공격은 최소한의 횟수로 이루어져야 한다'라고 강조하고 있다. | [**] 영국의 항공공학 엔지니어였던 프레데릭 란체스터는 제1차 세계대전 중 전쟁에서 힘의 관계를 보여주는 란체스터 법칙을 만들었다. 란체스터의 제1법칙은 창과 칼로 서로 근접한 거리에서 1대 1로 겨루는 재래식 전투 형태에 적용되며 전투의 결과는 뺄셈의 법칙이 적용된다. 예를 들어 동일한 전투력을 가진 두 부대가 5:3의 병력으로 싸우면 5명 중에 3명이 죽고 2명이 살아남는다. 즉 5-3=2가 된다. 란체스터의 제2법칙은 1대 1의 근접전이 아니라, 집단 간 원격전에 적용된다. 대포나 미사일로 아군의 모든 화력이 적의 한 지점으로 집중될 때, 싸움의 결과는 뺄셈이 아니라 제곱의 법칙이 된다. 동일한 전투력의 두 부대가 5:3의 병력으로 싸우면 5명 중 1명이 죽고 4명이 살아남는다. 즉 $5^2-3^2=4^2$가 된다. 란체스터 법칙은 병력이 많은 쪽이 승리한다는 것을 보여준다. | [***] 이민웅, '임진왜란 해전사', 청어람미디어, p.106 발췌인용; 전선은 판옥선이고, 협선은 승선 인원이 5명 이하인 소형 부속선이고, 포작선은 어선이므로 실제 전력은 전선에 한정된다.

앞의 표에서 알 수 있듯이, 대개의 전투에서 조선 수군의 병력은 왜군보다 더 많았습니다. 그렇다면, 조선 수군의 전체 병력과 일본 수군의 전체 병력을 비교하면 어디가 더 많았을까요?

짐작하시는 것처럼 일본 수군이 압도적으로 많았습니다. 임진왜란 초기에 이순신 장군은 전라 좌수사였는데, 보유한 판옥선은 겨우 24척이었고 전체 수군을 다 합쳐도 28척에 불과했습니다. 반면에 일본 수군은 500여 척에 달했습니다. 이순신 장군이 병력의 열세에도 불구하고 모든 전투에 승리했던 비결은 아군보다 적은 규모의 적을 찾아내서 각개격파를 했기 때문입니다. 즉, 전투 현장에서 왜군보다 병력이 더 많을 때만 싸웠던 것입니다.

이순신 장군의 사례에서 알 수 있듯이 손자나 클라우제비츠가 언급한 병력은 전쟁에 동원된 전체 병력이 아닙니다. 실제로 전투가 벌어지는 현장에 있는 병력입니다. 명량 해전은 13대 133으로 전체 병력은 10배 이상 차이가 났지만, 실제 싸움이 벌어졌던 울돌목에서는 13대 13으로 싸웠습니다. 병력이 같을 때는 전투력이 높은 쪽이 이기는데, 당시 조선 수군의 판옥선은 왜군보다 훨씬 강력한 대포를 가지고 있었습니다. 명량 해전은 1:10의 싸움을 1:1 싸움으로 전환하여 우세한 전투력으로 승리를 거둔 것입니다.

이것은 BC 480년에 그리스 연합군과 페르시아 제국이 맞붙은 전투에서도 확인할 수 있습니다. 페르시아 제국의 크세르크세스 황제는 15만 명의 대군과 1,300여 척의 함대를 이끌고 그리스를 침략합니다. 그리스는 재빨리 연합군을 동원하지만, 병력은 턱없이 부족했습니다. 육군은 스파르타군인 300명과 연합군 6천 명에 불과했고, 수군은 아테네 함선을 중심으로 한 300여 척 정도였습니다. 육군을 이끈 스파르타의 레오니다스 왕과 수군을 이끈 아테네의 테미스토클레스는 똑같은 전략을 사용했습니다.

좁은 장소에서 전투를 했던 것이죠. 육군은 20대 1로 병력 차이가 컸지만, 실제 전투가 벌어진 테르모필레 계곡은 가장 좁은 곳의 폭이 15미터였습니다. 이 곳에서 스파르타 특전사들은 1대 1 싸움을 유도하여 페르시아 군대를 저지했습니다. 수군 역시 전체 병력은 처음에 4대 1로 차이가 컸지만, 실제 해전이 벌어진 살라미스 해협은 폭이 1.6km였고, 이곳에서 1대 1 싸움을 연출했습니다.

병력이 많으면 승리할 수 있다는 병력 우위의 원칙은 너무 당연해 보이는데, 어느 전투에서나 적용되었을까요? 정치학자 이반 아레귄-토프트은 약소국이 강대국과 싸울 때 이길 확률은 28%이지만, 다윗처럼 게릴라 전술을 사용하면 이길 확률이 64%까지 올라간다고 합니다. 그러나 그의 조사에 따르면, 약소국이 강대국과 정면으로 싸워서 패배를 자초한 비율은 75%였다니, 믿기지 않을 정도로 높습니다.[*]

대표적인 사례가 임진왜란 당시 신립과 원균입니다. 임진왜란이 발발한 1592년 4월, 고니시 유키나가가 이끄는 왜군이 충주까지 진격해오자 조정에서는 신립 장군을 급히 내려보냅니다. 신립 장군은 북방에서 여진족을 여러 번 물리친 명장이었는데, 기마병을 잘 다루었습니다.

신립 장군은 군사 8천 명[**]을 모아 충주 남쪽의 단월역에 진을 친 다음, 충주목사 이종장과 김여물을 이끌고 지형을 정찰하였습니다. 김여물과 이종장은 적이 대병력이므로 정면으로 싸우는 것은 위험하고 험지에 복병을 설치하거나 한성으로 물러나자는 의견을 냅니다. 그러자 신립 장군은 이렇게 얘기합니다.

---

[*] 말콤 글래드웰, '다윗과 골리앗', 선대인 옮김, 21세기북스, pp.35-48 발췌인용 | [**] 탄금대 전투의 병력은 출처마다 다른데, 조선은 약 8천-1만 6천 명, 왜군은 1만 8700명으로 최대 1대 2 혹은 1대 1의 싸움이었던 것 같다. https://ko.wikipedia.org/wiki/탄금대_전투

'적은 보병이고 우리는 기병이니 넓은 들에 맞아들여서 싸워야 하오.'*
신립의 계획대로 조선군은 탄금대로 이동하여 배수진을 칩니다. 하지만 탄금대는 저습지라 기병이 활동하기 불편했고, 일본 보병은 신무기인 조총으로 무장하고 있었습니다. 병력과 전투력에서 모두 왜군에게 열세였는데, 신립 장군은 조총의 위력을 모른 채** 넓은 지역에서 적을 맞아들였습니다. 그가 이끄는 조선군은 고니시군과 격전을 벌이지만 조총부대의 3단 연속사격과 포위 작전에 참패를 당합니다. 전투에 지자 신립 장군은 남한강으로 투신했고, 김여물과 이종장도 전사합니다.

육군과 달리 수군은 이순신 장군의 전략 덕분에 일본 수군에게 연이어 승리를 거둡니다. 급기야 도요토미 히데요시는 일본 수군에게 해전을 금지합니다. 애초에 일본 수군의 역할은 해전이 아니라 병력과 군수품을 수송하는 것이었기 때문에, 그 후로 일본 수군은 해안에 왜성을 쌓고 수비만 할 뿐 조선 수군과 싸우지 않았습니다.

선조는 1593년 8월, 이순신을 삼도수군통제사에 임명합니다. 그러나 일본 수군이 해전을 피했기 때문에 이순신도 이렇다 할 전과를 거두지 못합니다. 임진왜란 첫해에는 10여 차례의 해전을 했지만 그다음 해에는 1번, 그리고 통제사가 된 이후로는 단 2번의 전투를 했을 뿐입니다. 선조는 이것이 '이순신의 게으름(1594년 8월)'이나 '불성실함(1596년 6월)' 때문이라고 생각했습니다. 선조가 이순신 장군의 전략을 이해하지 못하고 기본적 귀인오류에 빠져서 이순신 장군을 비난한 것입니다.

---

* 유길만, '이순신과 도요토미 히데요시', 경향미디어, p.26. | ** 일본이 조총을 본격적으로 사용한 것은 1575년 나가시노 전투였다. 오다 노부나가는 3천여 명의 조총 부대를 활용하여 상대 주력인 기마병을 무력화시켰다. 손자병법에 아군과 적군의 강약점을 제대로 알아야 위태롭지 않다고 했는데 조총부대에 대한 정보부족과 아군의 준비 부족이 패배의 원인이 되었다. (知彼知己 百戰不殆, 不知彼而知己 一勝一負, 不知彼不知己 每戰必敗)

1593년에 시작된 강화교섭이 지지부진하다 결국 1597년에 정유재란이 일어납니다. 선조는 일본의 재침략을 막기 위해 두 가지를 지시합니다. 육군은 산성에서 지키고, 수군은 바닷길을 차단하라는 것이었죠. 특히 선조는 수군이 거제도를 점령한 다음 부산 앞바다에서 일본 수군을 물리치자는 윤근수의 제안(1596년 11월)에 긍정적인 답을 내립니다. 하지만 이순신은 거제도 점령 작전에 나서지 않습니다. 과거에 실패를 경험해 봤기 때문입니다.

윤근수의 형은 좌의정 윤두수였는데, 그는 1594년 8월에 군 지휘권을 얻자 곧바로 거제도 공격을 지시합니다. 윤두수는 곽재우, 김덕령 등의 육군 병력과 이순신이 이끄는 수군 병력으로 일본군 진지를 공격했습니다. 그러나 일본은 시종일관 수비만 할 뿐 앞으로 나서지 않았습니다. 수군의 유인 작전도 소용이 없었고, 결국 거제도 점령은 실패로 끝납니다. 작전 실패의 책임은 윤두수에게 돌아갔고, 군 지휘권을 잃었습니다.

윤근수는 자신의 형이 2년 전에 실패했던 작전을 다시 해보자고 건의한 것입니다. 이순신은 이 작전에 따르지 않았고, 일본 군대가 1597년 1월, 육지에 상륙하자 선조는 노발대발하며 이순신을 직위 해제한 다음 감옥에 가둡니다.

이순신의 후임자였던 원균도 전면전의 위험을 알았기 때문에 수군과 육군의 연합 작전을 주장하며, 수군 단독으로 공격에 나서는 것을 거부합니다. 또다시 선조는 크게 화를 냈고, 권율은 원균을 불러다 곤장을 칩니다. 결국 원균은 별다른 전략도 없이 1597년 7월에 일본과 전면전에 나섰다가 참패하고, 본인도 죽고 맙니다.

병력우위의 란체스터 법칙은 현대에도 여전히 유효합니다. 대표적인 사례가 압박 축구입니다. 압박 축구는 상대의 공격을 여러 명의 수비수가 동시에 달려들면서 공을 빼앗는 수비 방식입니다. 우리나라가 2002년 한일 월드컵에서 좋은 성적을 거두었던 비결 중의 한 가지는 압박 축구를 효과적으로 활용한 덕이 컸습니다.*

애플이 아이폰을 개발했을 때**, 휴대폰의 두 거인은 노키아와 블랙베리였습니다. 노키아는 휴대폰 전체 시장의 절대 강자였고, 블랙베리는 스마트폰 기업 시장을 개척해서 큰 성공을 거두었습니다. 애플은 전면전이 아니라 틈새시장에 병력을 집중했습니다. 그리고 기존의 업체들과 다른 관점에서 차별화를 했습니다. 아이팟에서 축적한 힘을 바탕으로 컴퓨터에 통화 기능을 추가하면서 완전히 새로운 길을 개척한 것이죠. 당시 많은 기업이 전화에 컴퓨터 기능을 넣으려다 고생했던 것과는 관점 자체가 달랐죠. 그런데도 당시 경쟁사들은 애플의 아이폰을 무시했습니다. 마이크로소프트의 스티브 발머는 어느 인터뷰에서 이렇게 말했습니다. "아이폰은 세상에서 제일 비싼 전화기입니다. 게다가 자판이 없어서 비즈니스 고객들에게는 호소력이 떨어질 겁니다."*** 블랙베리의 CEO 마이크 역시 스마트폰 고객들이 원하는 것은 키보드와 이메일이지 컴퓨터가 아니라고 확신했습니다.

그렇다면, 불확실한 환경에서 신속하게 초점을 찾는 비결은 무엇일까요? 아문센은 초점을 찾느라 너무 시간을 지체하면서 첫 북극점 도달의 기회를 놓쳤고, 남극점 도달도 자칫하면 섀클턴에게 빼앗길 뻔 했습니다.

---

* 2002년 월드컵에서 한국 대표팀이 포르투갈을 1:0으로 제압했을 때 허정무 KBS 축구 해설위원은 '32개 참가국 중 압박에 관한 한 최고'의 경기를 보여줬다고 언급했다. 당시 자세한 기사 내용은 http://www.donga.com/docs/magazine/weekly_donga/news340/wd340bb010.html 참조. | ** 애덤 그랜트의 'Think Again'을 보면, 스티브 잡스는 아이팟에 통화 기능을 넣는 것을 심하게 반대했다고 한다. 그러나 실무자들의 끈질긴 설득 끝에 결국 아이폰을 출시하게 되었는데, 스티브 잡스가 생각의 감옥에서 빠져 나온 것은 과거 자신이 자주 생각의 감옥에 갇혀 있었다는 반성 때문이 아닐까? | *** 월터 아이작슨, '스티브 잡스', 안진환 옮김, 민음사, p.748

아문센의 방식은 철저한 계획으로 성과를 달성하는 전통적인 접근 방식입니다. 계획(plan), 실행(do), 평가(see)를 한 번에 끝내려는 것입니다. 이 방식은 자료 분석이 필요하기 때문에 불확실한 환경에서 새로운 길을 개척할 때는 정보를 충분히 얻을 때까지 기다리는 수밖에 없습니다. 아문센이 피어리나 섀클턴보다 탐험이 늦어진 이유입니다.

베인앤컴퍼니의 대럴 릭비(Darrel K. Rigby) 등은 애자일한 접근 방식을 치타에게서 배워야 한다고 말합니다.* 치타가 지구상에서 가장 애자일한 동물인 것은 제로백을 3초에 하는 스피드가 아니라, 먹이가 다른 방향으로 도망가면 치타 역시 신속하게 멈추고 다시 덤벼드는 능력이 핵심이라는 것입니다. 애자일은 치타처럼 실행(do), 평가(see), 계획(do)을 반복적으로 수행하며 목표를 달성하는 방법이죠. 전통적인 접근 방식이 일정한 루틴으로만 달리는 기차와 같다면, 애자일한 접근 방식은 목표를 향해서 언제든 루틴을 바꾸는 치타와 같습니다. 따라서 조직이 불확실한 환경에서 신속하게 초점을 찾으려면, 정해진 루틴이 아니라 유연한 루틴으로 일하는 것을 활성화하는 시스템을 구축해야 합니다.

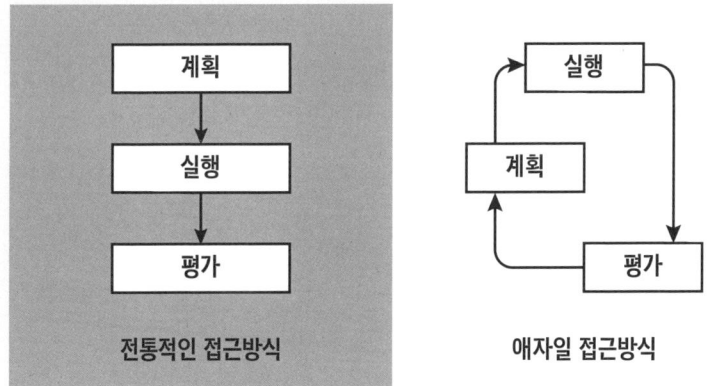

전통적인 접근방식과 애자일 접근방식의 차이

---

* Darrel K. Rigby, Sarah Elk, & Steve Berez, 2020, 'Start Stopping Faster', Harvard Business Review.

불확실성 시대의
리더십

남극 탐험에 나섰던 세 리더의 상황과 성향, 그리고 리더십을 살펴보면서 불확실성이 높은 시대에 리더의 관점과 접근방식에 대한 실마리를 찾아보았습니다.

극지탐험의 시대로부터 1세기가 훌쩍 지난 현재, 디지털 트랜스포메이션과 코로나 팬데믹은 변화의 속도를 더욱 가속화시키고 있습니다. 디지털이 우리 일상으로 들어온 것은 인터넷 사용이 본격화된 1994년으로 거슬러 갑니다. 그해 넷스케이프가 웹브라우저를 무료로 배포하면서 온라인이라는 낯선 세상으로 가는 길이 열렸습니다. 변화의 물결 속에서 새로운 기회와 위험이 파도처럼 몰려왔고, 숱한 기업들의 부침이 있었습니다. 그 과정에서 동적 역량, 양손잡이 조직, 애자일 방식, 디자인 씽킹 등의 베스트 프랙티스들이 제시되었고, 여러 기업들에게 인기를 끌었습니다. 그러나 이러한 프랙티스들이 널리 알려졌음에도 불구하고 변화에 대응하는 속도는 사람이나 조직마다 차이가 큽니다. 생각의 함정과 시스템의 경직성에서 벗어나는 방법을 아는 것과 그것을 시스템의 루틴으로 운영하는 것은 질적으로 다르기 때문입니다.

동적 역량과 양손잡이 조직의 권위자인 클라크 길버트 교수(Clark Glibert)의 사례는 여러모로 흥미롭습니다. 그가 연구와 자문에 그치지 않고, 직접 경영도 했기 때문입니다. 그는 경영자로서 동적 역량과 양손잡이 조직의 시스템을 잘 구축해서 좋은 경영 성과를 만들어 냈을까요?

길버트 교수는 하버드 경영대학원에서 신문업의 변화와 적응에 관한 논문으로 박사 학위를 받았습니다. 그리고 이노사이트라는 컨설팅 회사를 공동 창업해서 미국 언론 연구소의 'Newspaper Next' 프로젝트 등을 자문했습니다. 그는 동적 역량과 양손잡이 조직 관점에서 신문사들의 변화 대응을 자세히 분석하여 2005년에 논문으로 발표했습니다.*

길버트 교수는 신문사 8곳을 분석했는데, 전국 일간지는 1곳이고, 나머지는 지역 일간지였습니다. 각 신문사의 일일 판매 부수는 최소 20만 부에서 최대 50만 부 이상으로 해당 시장에서 가장 규모가 컸습니다. 신문은 규모의 경제가 요구되는 장치 산업이라서 진입 장벽이 높았습니다. 자연스레 미국 도시마다 한두 개의 신문사가 독과점을 유지했고 수익성이 높았습니다.

1994년 10월, 넷스케이프의 웹브라우저가 발표되자, 인터넷의 영향력을 맨 처음 감지한 것은 신문사였습니다. 각 신문사는 웹 사이트를 1994년과 1996년 사이에 런칭합니다. 무척 발 빠른 조치였지만, 투입된 인원은 최소 5명 ~ 최대 60명 정도로 작았습니다. 각 신문사가 웹사이트를 런칭했던 이유는 대부분 기회보다는 손실을 걱정했기 때문입니다. 지역 일간지 7곳은 인터넷 때문에 자신들이 통제력을 잃거나 손실을 보는 것을 걱정했습니다. 유일하게 전국 일간지만 인터넷을 기회로 여겼습니다.

인터넷을 통해서 기사를 배포하면 적은 비용으로 신문 판매를 확대할 수 있다고 생각했던 것입니다. 그러나 신문사들 모두 디지털 미디어를 기존 생태계에 대한 심각한 위협으로 생각하지는 않았기 때문에 그들의 기본 방침은 '당분간 기다려 보자(Wait and See)'였습니다.

---

* Gilbert, C. G, 2005, 'Unbundling the structure of inertia: Resource versus routine rigidity', Academy of Management Journal, 48, 741-763.

이처럼 큰 위험을 느끼지 않을 때 나타나는 현상은 자원의 경직성입니다. 신문사들은 기존 종이 신문의 광고주와 독자들의 요구에 대응하는 것이 우선이었고, 새로운 온라인 고객의 요구는 뒷전이었습니다. 그들은 뉴스를 온라인으로 제공하는 것이 제살깎아먹기라고 생각했습니다. 온라인 고객은 종이 신문 고객과 다르고, 판매 방식도 다른데, 매출에는 당장 도움이 되지 않았으니까요. 온라인 매체에 대한 투자는 2년 이상 지연되었고, 투자를 한 후에도 별로 관심이 없었습니다.

1997년~1998년 사이에 인터넷이 빠르게 성장하자 신문사들은 점차 심각한 위협을 느꼈습니다. 그들은 '하늘이 무너진다'고 비명을 질렀고, 위기의식은 곧장 투자로 이어졌습니다. 신문사들은 평균적으로 투자 금액을 3배 이상 늘렸고, 조직은 2배 이상으로 확대했습니다. 신문사들은 '우리 스스로 제 살을 깎아야 돼. 그렇지 않으면 누군가에게 당할 것'이라고 생각했습니다. 위기의식은 자원의 경직성을 없애는 촉매가 되었습니다.

그러나 신규투자가 곧바로 해피 엔딩이 되지는 않았습니다. 위기감이 투자는 늘렸지만 기존의 루틴을 바꾸는 것에는 오히려 방해되었기 때문입니다. 신문사들은 투자를 늘리고 나서 디지털 미디어의 운영에 적극적으로 개입했습니다. 디지털 미디어의 자율권을 줄였고, 새로운 시도나 공격적인 접근을 금지했습니다. 디지털 미디어 때문에 종이 신문에 피해가 생기는 것을 몹시 두려워했습니다. 당연히 새로운 기회보다는 기존의 방식에 더 집중했습니다.

그것이 종이 신문을 보호하고 살아남는 방법이라고 생각했습니다. 그 결과, 디지털 미디어는 단지 종이 신문에 실린 뉴스를 온라인에 복사해 붙여넣는 것이 되고 말았습니다. 신문사들이 1998년에 온라인에 게재한 기사의 85% 이상은 종이 신문의 내용과 똑같았습니다. 오래된 와인을 새로운 병에 담은 것입니다.

신문사 한 곳은 달랐습니다. 그 신문사 역시 처음에는 남들처럼 자원의 경직성 때문에 어려움을 겪었지만, 위기감을 느끼자 곧바로 신규 투자를 늘렸고, 새로운 사업 방식도 과감하게 추진했습니다. 그 신문사의 남다른 비결은 두 가지였습니다. 첫 번째는 디지털 미디어의 경영자나 사외이사로 외부 전문가를 영입했다는 점입니다. 외부 전문가는 종이 신문은 모르지만 디지털은 잘 아는 실리콘 밸리 출신이었습니다. 두 번째는 디지털 미디어 조직을 본사와 분리시킨 다음 독립적인 운영을 허용했다는 점입니다. 종이 신문에 대한 위협보다는 온라인 시장의 새로운 기회에 집중한 것입니다. 그 결과 해당 신문사의 온라인 사이트는 종이 신문의 기사와 중복되는 내용이 50% 미만이었고, 디지털 미디어의 수익원도 다양했습니다. 이 신문사가 앞서 소개한 전국 일간지이냐고요? 아닙니다. 전국 일간지는 인터넷을 판매 기회로 생각했지만, 방법은 구태의연했습니다. 온라인 기사의 90% 이상이 종이 신문과 동일했으니까요.

2000년 무렵, 다른 신문사 3곳도 새로운 변화를 뒤쫓기 시작했습니다. 디지털 미디어를 기존 사업에 대한 위협이 아니라 새로운 사업 기회로 인식한 것이죠. 인식의 변화는 곧바로 새로운 사업 방식으로 이어졌고, 디지털 미디어와 종이 신문의 기사가 중복되는 비율은 50% 미만으로 감소했습니다. 새로운 수익원도 늘어났습니다. 새로운 와인을 새로운 병에 담은 것입니다. 그러나 신문사 4곳이 이렇게 변신을 하는 동안 나머지 4곳은 여전히 디지털을 종이 신문의 위협으로 인식했고, 기존 방식에서 벗어나지 못했습니다.

2005년에 발표한 논문의 내용은 여기까지인데, 길버트 교수는 2017년에 출간한 'Dual transformation'에서 그 후 신문사들의 대응을 소개하고 있습니다. 신문사들은 2000년~2002년의 경기 침체기에 약간의 어려움을 겪지만 그 고통은 크지 않았습니다.

오히려 1994년~2007년에 신문사는 호황을 누립니다. 인터넷이 큰 주목을 끌기는 했지만 종이 신문의 판매 부수는 안정적이었고 광고 수익은 계속 늘어났습니다. 2005년에 열린 미국 신문협회(Newspaper Association of America) 모임에서 참석자들은 '인터넷이 걱정한 것에 비하면 별거 아니다'고 우쭐댔다는군요. 인터넷의 영향은 2007년~2009년 금융위기 때 본격적으로 밀어닥쳤습니다. 1950년~2005년에 광고 시장은 3배 이상 성장했는데, 2010년이 되자 광고 시장은 1950년 수준으로 추락하고 맙니다. 넷플릭스와 블록버스터의 사례와 매우 비슷한 일이 신문업에서도 있었던 것이죠.

길버트 교수가 신문사의 경영을 맡으면 변화와 혁신을 잘 이끌 수 있을까요?

그는 2006년에 하버드 대학을 떠나서 브리검영 대학의 아이다호 캠퍼스로 갔고, 온라인 교육의 책임자로 일했습니다. 대학 교육에 디지털을 어떻게 활용할지가 그의 과제였습니다. 브리검영 대학은 몰몬교 소속인데, 데저렛 뉴스라는 1850년에 시작한 유서 깊은 신문사도 있었습니다. 데저렛 뉴스는 2008년~2010년에 디스플레이 광고 매출이 30% 하락하고, 안내 광고 매출은 70% 하락했습니다. 길버트 교수는 2009년 10월에 데저렛 미디어가 새로 런칭한 데저렛 디지털 미디어의 CEO로 부임합니다. 그리고 2010년에는 데저렛 뉴스의 공동 대표가 됩니다. 학자 출신 경영자가 종교 단체에 소속된 오래된 신문사를 디지털 중심으로 변화시키는 것은 무척 어려웠을 것입니다. 주변에서 우려하는 사람도 많았다고 합니다. 그는 자신의 책에서 CEO로 재임한 6년 동안 큰 성과를 거두었다고 얘기합니다. 기존 인쇄 부문에서 매출 하락이 컸지만, 디지털 부문의 큰 성장과 새로운 서비스 런칭 등을 통해서 전체 순 매출은 2010년보다 25% 이상 성장했다는 것이죠. 길버트는 데저렛 미디어의 혁신에 성공한 후, 2017년에는 새로 설립된 'BYU-Pathway Worldwide'의 초대 총장이 됩니다.

이곳의 전신은 BYU 아아디호 캠퍼스의 패스웨이 프로그램입니다. 이 프로그램은 2009년에 시범 운영을 시작한 이후, 전 세계적으로 80개 이상의 국가, 500개 지역에서 5만 7천 명의 학생들이 이용한 온라인 교육입니다. 대학교 또한 디지털의 영향으로 변화의 몸살을 앓고 있는 대표적인 업종입니다. 더구나 2020년 이후로는 코로나 팬데믹의 영향으로 대학의 수업 방식이 온라인으로 전환되는 큰 진통을 겪었습니다. 과연 그는 갑작스런 변화의 충격을 혁신과 성장의 기회로 만들었을까요?

길버트의 성공 여부는 동적 역량을 갖춘 양손잡이 조직으로 운영하고 있는지, 탐험대가 자율적으로 구성되어, 새로운 관점과 방식을 신속하게 실행하면서 초점을 좁혀가고 있는지, 그러한 시스템이 계속 발전하고 있는지에 달려 있을 것입니다.

지금까지 한 세기 전 탐험대를 이끈 세 리더 그리고 현대의 여러 리더를 살펴보았습니다. 리더들이 확신의 덫에 걸리고, 승자의 저주에 걸리는 것은 세상이 불확실하고, 사람은 불완전하기 때문입니다. 누구든 그 덫에서 벗어나려면 자신이 살아가는 세상 또한 불확실하고, 자신 역시 불완전하다는 것을 먼저 인식해야 합니다. 그리고 다른 사람과 협력해서 자신의 한계를 벗어나는 루틴을 만들어야 합니다. 그러한 인식과 루틴이 얼마나 잘 내재화되느냐에 따라서 경험과 결과가 달라질 테죠. 개방적인 사고와 유연한 루틴은 개인을 계속 성장시키고, 조직의 지속가능성을 높이지만, 폐쇄적인 사고와 경직된 루틴은 개인의 성장이 멈추고, 조직이 단명하는 지름길이 될 것입니다. 결국, 개인이든 조직이든 변화의 속도는 학습 속도에 달려 있는 것 같습니다. 기존 관점이나 방식에 의문을 품고, 질문을 던지고, 새로운 아이디어를 실험하고, 경험을 통해 학습하고, 이것을 빠른 속도로 반복할 때, 속도 경제에 필요한 경쟁 우위를 얻을 수 있을 것입니다.

글을 마치며

제가 신입사원일 때 1997년 IMF를 겪었고, 중간 관리자일 때는 2009년 금융위기가 발생했습니다. 컨설턴트로 일하는 현재는 코로나 팬데믹의 영향 속에서 살고 있고요. 돌아보니, 대략 10년에 한 번씩 전혀 예상하지 못했던 큰 변화가 일어났습니다. 앞으로 변화는 더 빨라지고, 더 강해질지 모릅니다. 그런 변화의 파도 속에서 누군가는 위기를 겪고, 누군가는 기회를 만들어낼 겁니다.

지난 20여 년간 여러 기업들의 성공과 실패를 직간접으로 보고 겪었습니다. 결코 망하지 않을 것 같던 회사도 어느 순간 쓰러지고, 생소한 이름의 회사가 마켓 리더로 우뚝 서더군요. 숱한 기업들의 부침 속에서 점차 리더의 특출한 개인기보다는 조직 구성원의 집단 지성이 강조되고 있는 추세입니다. 원래 조직은 혼자서 할 수 없는 일을 여럿이서 하려는 목적으로 만들어진 것인데, 과거에는 구성원의 손발만 활용했다면 시간이 갈수록 구성원의 지혜와 열정이 절실한 시대가 되고 있습니다.

남극 탐험에 나섰던 세 리더는 불완전한 인간의 한계 속에서 저마다 관점과 접근 방식이 달랐고, 다른 결과를 만들어냈습니다. 불확실한 시대를 헤쳐나가는 현재의 리더들도 마찬가지입니다. 불완전한 인간의 한계를 어떻게 바라보고, 어떻게 노력하느냐에 따라서 전혀 다른 결과를 만들어낼 테죠.

저는 리더십 개발을 위해서 세 가지 기본 원칙이 중요하다고 생각합니다.

첫째, 리더의 개인 특성을 제대로 인식하는 것이 출발점이 되어야 합니다. 리더의 성격이나 강점은 각자 다른데, 자신의 성향을 무시하고 전혀 다른 사람이 될 수 없습니다. 섀클턴이 스콧이 될 수 없고, 아문센이 섀클턴이 될 수 없는 것처럼요. 위대한 영웅을 롤모델로 제시하며 그러한 영웅이 되어야 한다고, 될 수 있다고 얘기하는 것은 허튼소리에 지나지 않습니다. 누구나 영웅이 될 수 없고, 그럴 필요도 없습니다. 누구나 가장 자기다울 때 비로소 자신의 강점을 발휘할 수 있습니다.

둘째, 리더가 환경이나 상황을 제대로 분별할 수 있어야 합니다. 개인의 성격이나 강점은 상황에 따라서 장점이 되기도 하고, 단점이 되기도 합니다. 섀클턴의 아이디어, 아문센의 치밀한 계획, 스콧의 강한 의지가 필요한 상황이 제각기 다른 것이죠. 리더가 지금 상황에 어떤 역할이나 역량이 필요한지 파악할 때, 괜한 헛수고나 힘 낭비를 줄이고, 효과적으로 상황에 대처할 수 있습니다.

셋째, 리더는 조직의 힘으로 새로운 도전과 탐험에 나서야 합니다. 불확실한 환경에서 리더의 개인기에 의존하는 것은 오히려 위험을 키우는 것에 지나지 않습니다. 리더십이란 리더의 개인기가 아니라 조직 구성원의 열정과 지혜로 새로운 가치와 성과를 만들어가는 과정입니다. 상황에 적합한 사람이 누구인지 파악해서 적재적소에 배치하고, 자신의 강점을 충분히 발휘할 수 있도록 지원해야 합니다.

지옥은 선의로 포장되어 있다는 말처럼, 표준화된 리더십 모델로 리더십 개발을 할 경우, 아무리 좋은 의도라 하더라도 나쁜 결과를 만들어낼 가능성이 높습니다. 리더의 특성과 외부의 상황, 그리고 조직 구성원의 역량을 종합적으로 고려하는 것은 기본 원칙임에도 불구하고 리더십 개발 현장에서 너무나 자주 무시되는 원칙이기도 합니다. 이 책에서 남극 탐험을 했던 세 리더의 성향과 상황, 그리고 그들의 관계를 자세히 들여다본 것도 리더십 개발의 세 가지 기본 원칙이 오늘날 너무나 중요하기 때문입니다.

이 책은 불확실한 환경에서 리더의 역할과 책임을 고민하는 분들에게 도움이 되기를 바라며 시작했습니다. 오랜 고민을 바탕으로 여러 해 초고를 고쳐 썼지만 아직도 부족한 것이 많습니다.

지금까지 저의 관점을 넓히고 생각을 가다듬는 과정에서 많은 분의 도움을 받았습니다. 새로운 탐험에 참여할 기회를 주셨던 강승수 회장님, 경영혁신의 새로운 관점을 알려주신 송대관 사장님, 리더십의 원리와 실제를 보여주신 김용진 대표님과 김종수 대표님께 깊이 감사드립니다. 그리고, 공부와 글쓰기의 즐거움은 안경환 교수님과 정승철 교수님 덕분에 배울 수 있었습니다. 정재상 대표와 김대이 대표는 애자일한 문제해결의 롤모델입니다. 김효진 대표님은 책의 아이디어에서 출간까지 시종일관 큰 역할을 맡아주었습니다. 박혜림 님의 편집과 디자인으로 책이 더 재미있고, 간결해졌습니다. 아내와 현이, 훈이 덕분에 관계와 행복에 대해서 더 깊이 이해하게 되었고, 제가 좀 더 성숙해질 수 있었습니다. 사랑하고 감사해요.

이 책을 통해 우리가 알고 있는 것이 틀릴 수 있고, 우리가 무엇을 모르는지 모르고 있다는 것을 인식하는 데 조금이나마 도움이 되었으면 좋겠습니다. 오늘도 새로운 길을 개척하기 위해 애쓰는 모든 리더를 진심으로 응원하며 이 글을 마칩니다.

부록 1
남극 탐험 주요 연대기

구분	생애	출신	주요 경험	1900년 이전	1901년~1905년
아문센	1872.07.16 ~ 1928.06.18	노르웨이	항해사, 선장 극지방 탐험가	**벨지카호 탐험** (1898년~1899년) **2등 항해사로 참여** 13개월간 부빙에 갇혀 남극의 겨울을 경험 괴혈병을 물개와 바다표범 등으로 예방함	
스콧	1868.06.06 ~ 1912.03.29	영국	영국 해군 장교 어뢰선 함장		**디스커버리호 탐험** (1901년~1904년) **탐험대 리더**로 남극점에 도전하여 남위 82° 17분 도달함 59일 동안(11/2~12/30) 약 680km 를 일평균 11km 속도로 이동 총 경비 약 9만 파운드
섀클턴	1874.02.15 ~ 1922.01.05	영국 (아일랜드)	항해사		**디스커버리호 탐험에 3등 항해사로 참여**했고, 남극점 도전에 동행함

1906년~1909년	1910년~1913년	1914년~1920년
	프람호 탐험(1910년~1912년) 북극의 과학연구를 목적으로 했으나 남극점 정복으로 변경함 남위 80° 지점과 82° 지점 사이에 저장창고 3곳을 설치한후 3t의 비축물 저장 남극점 향해 **1911년 10월 20일 출발.** 탐험대원 5명 참여 (아문센, 비오란, 비스팅, 하셀, 한센) 개 52마리로 출발했으나, 첫 번째 저장 진지에 도착해서 너무 살이 찐 개 4마리는 베이스캠프로 돌려보냄 **남극점 세계최초 정복**(1911년 12월14일) 남극점에 56일 동안(10/20~12/14) **일평균 26km 속도**로 이동 귀환길은 39일동안(12/18~1/25) **일평균 37km 속도**로 이동	
	테라노바호 탐험(1910~1913) 영국 왕립학회 요구로 **학문적 탐사와 남극점 정복을 목표**로 함 남위 79° 28분 지점에 저장 창고 2곳을 설치한후, 1t의 비축물 저장 남극점 향해 1911년 10월 24일 선발대가 **모터 썰매 2대**로 출발. 11월 1일 본진이 **조랑말 8마리 대동**하고 출발. 11월 7일 **개 30마리**가 본진과 합류 극점팀 5명 이외에 지원팀 12명이 동행 **남극점 정복**(1912년 1월 17일)후 귀환 **도중에 사망** 남극점에 78일 동안(11/1~1/17) 일평균 18km 속도로 이동	
님로드호 탐험(1907년~1909년) 탐험대 리더로 남극점 도전 남위 79° 36.5분 지점에 식량저장소 설치 1908년 11월 3일 출발 **말 4마리, 지원팀 4명, 극점팀 4명** (총 8명) 출발 1909년 1월 9일 남위 88° 23분에 도달함 68일 동안(11/3~1/9) **일평균 19km 이동** 총 경비 약 4만 5천 파운드		**인듀어런스호 탐험**(1914년~1916년) 남극대륙 횡단목적으로 탐험에 나섰으나 **부빙에 갇혀 2년 만에 생환**함

부록 2
남극 탐험의 조연들

조언가

01. 프리티오프 난센(1861~1930)
노르웨이의 탐험가, 과학자, 정치가, 극지탐험의 전설.
아문센, 스콧, 섀클턴에게 **남극 탐험에 대한 조언** 제공,
아문센에게는 배 **'프람호'** 를 빌려줌

https://ko.wikipedia.org/wiki/프리티오프_난센

02. 프레데릭 잭슨(1860~1938)
영국 출신의 탐험가, 북극지도 제작, 난센을 구조함.
섀클턴에게 썰매 개 대신 말을 사용하는 아이디어를 조언함.

https://en.wikipedia.org/wiki/Frederick_George_Jackson

스콧의 주요 조연들

01. `오른팔` **에드워드 윌슨**(의사, 1872~1912)
디스커버리호(극점팀), 테라노바호(극점팀, 사망)

https://en.wikipedia.org/wiki/Edward_Adrian_Wilson

02. `핵심 멤버 ❶` **에드가 에반스**(1876~1912)
디스커버리호, 테라노바호(극점팀, 사망)
https://en.wikipedia.org/wiki/Edgar_Evans

`핵심 멤버 ❷` **윌리엄 래실리**(1867~1940)
디스커버리호, 테라노바호(지원팀)
https://en.wikipedia.org/wiki/William_Lashly

`핵심 멤버 ❸` **톰 크린**(1877~1938)
디스커버리호, 테라노바호(지원팀), 인듀어런스호(섀클턴)
https://en.wikipedia.org/wiki/Tom_Crean_(explorer)

섀클턴의 주요 조연들

01. `오른팔` **프랭크 와일드**(1873~1939)
디스커버리호(스콧), 님로드호, 인듀어런스호, 퀘스트호

https://en.wikipedia.org/wiki/Frank_Wild

02. `핵심 멤버 1` **어니스트 조이스**(1875~1940)
디스커버리호(스콧), 님로드호, 인듀어런스호
(별도로 오로라호를 타고 로스해 탐험)

https://en.wikipedia.org/wiki/Ernest_Joyce

`핵심 멤버 2` **매킨토시**(1879~1916)
님로드호, 인듀어런스호 (별도로 오로라호를 타고
로스해 탐험 중 사망)

https://en.wikipedia.org/wiki/Aeneas_Mackintosh

스콧과 섀클턴의 오른팔이었던 윌슨과 와일드 이외에 유명한 사람은 톰 크린과 어니스트 조이스입니다. 톰크린의 전기 '위대한 탐험의 숨은 영웅 톰크린'이 국내에 번역 출간되었습니다. 어니스트 조이스는 인듀어런스호 탐험 당시에 오로라호를 타고 별도로 로스해를 탐험했는데, 당시 오로라호 대원들의 탐험을 다룬 책, "Shackleton's Forgotten Men: The Untold Tragedy of the Endurance Epic"에서 어니스트 조이스와 매킨토시 등의 활약을 살펴볼 수 있습니다.

부록 3
우리나라의 남극 탐험 기록

1994년에 허영호 대장이 이끈 탐험대가 한국인 최초로 남극점에 도달했습니다. 11월 28일에 패트리어트힐을 출발하여 개 썰매나 설상차를 쓰지 않고, 중간 보급도 받지 않으며 44일간 약 1,400km를 이동한 성과였죠. 그러나 남극 해변에서 46km 떨어진 곳에서 출발한 점이 문제가 되어서 국제적으로 인정받지는 못했습니다. 그 후 2004년에 박영석 대장이 이끈 원정대는 국제적으로 인정받는 루트로 남극점에 도달했습니다. 11월 30일 남극 북서쪽 해안가 허큘리스에서 출발하여 스키와 도보만으로 약 1,100km가 넘는 거리를 물자 지원 없이 이동하여 44일 만에 남극점에 간 것입니다. 아문센이 56일 만에 도착한 것과 비교하면 무척 빠른 속도입니다.

2004년 박영석 대장 일행의 모습

1994년 허영호 대장 일행의 모습

부록 4
미니 성격 검사

자신의 성격 특성을 알아보는 미니 테스트

아래 각 설문 문항에 자신이 어느 정도나 해당하는지
그 정도를 7점 척도로 응답해 보시기 바랍니다.
한 항목에 있는 두 개의 특성에 대해 그 **정도가 다르더라도**
하나의 숫자로 표시해야 합니다.

출처: Gosling, S. D., Rentfrow, P. J., & Swann Jr., W. B. (2003). 5대 특성 단순 측정법

설문 01
외향적이고 열정적이다

01	02	03	04	05	06	07
전혀 그렇지 않다.	어느 정도 그렇지 않다.	약간 그렇지 않다.	그럴 수도, 아닐 수도 있다.	약간 그렇다.	어느 정도 그렇다	매우 그렇다.

설문 02
비판적이고 논쟁을 좋아한다

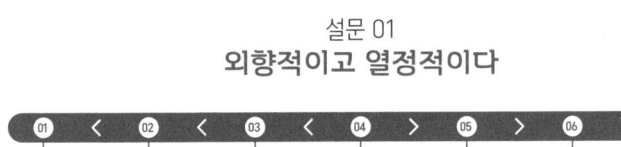

01	02	03	04	05	06	07
전혀 그렇지 않다.	어느 정도 그렇지 않다.	약간 그렇지 않다.	그럴 수도, 아닐 수도 있다.	약간 그렇다.	어느 정도 그렇다	매우 그렇다.

설문 03
사람들에게 신뢰를 얻고, 자기 관리가 가능하다

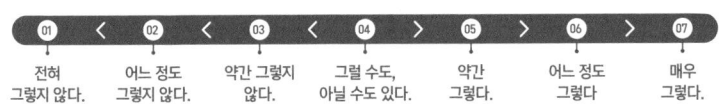

01	02	03	04	05	06	07
전혀 그렇지 않다.	어느 정도 그렇지 않다.	약간 그렇지 않다.	그럴 수도, 아닐 수도 있다.	약간 그렇다.	어느 정도 그렇다	매우 그렇다.

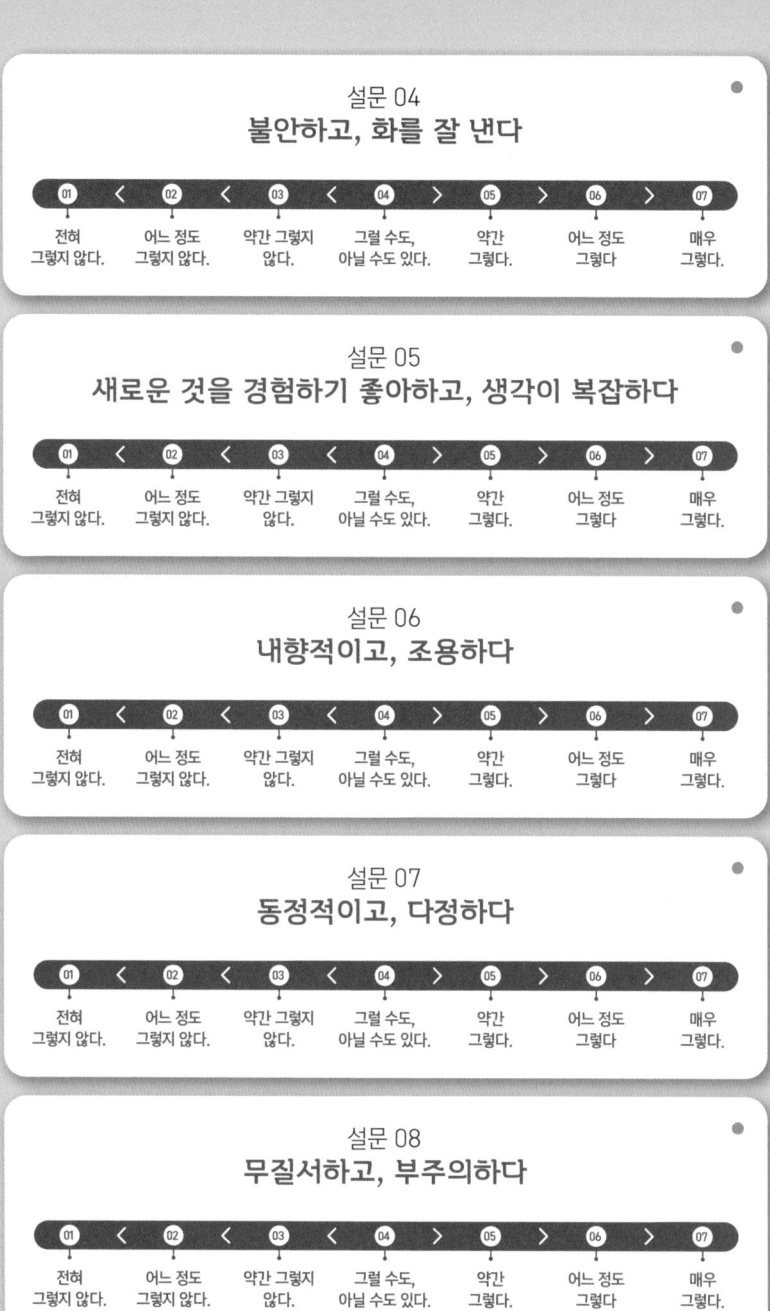

설문 09
침착하고, 정서가 안정적이다

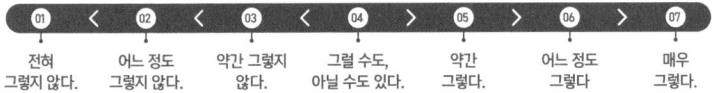

설문 10
변화를 싫어하고, 창조적이지 않다

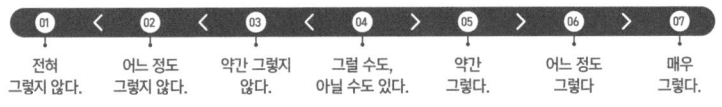

측정 결과 해석 기준은 다음과 같습니다.

개방성: [5번 점수 + (8- 10번 점수)] /2
6.6 이상이면 높고, 4.4 이하이면 낮은 수준입니다.

성실성: [3번 점수 + (8- 8번 점수)] /2
6.0 이상이면 높고, 3.2 이하이면 낮은 수준입니다.

외향성: [1번 점수 + (8- 6번 점수)] /2
5.6 이상이면 높고, 2.4 이하이면 낮은 수준입니다.

친화성: [7번 점수 + (8- 2번 점수)] /2
5.9 이상이면 높고, 3.5 이하이면 낮은 수준입니다.

정서적 안정성: [9번 점수 + (8- 4번 점수)] /2
5.8 이상이면 높고, 2.9 이하이면 낮은 수준입니다.

탐험의 시대,
세 리더 이야기

저자 서강석
발행 1판 1쇄 발행일 2021년 09월 10일 | **발행인** 김효진 | **발행처** 컬쳐코드(culture code)
기획 컬쳐코드 | **편집** 박혜림 | **출판등록** 제 2008-000148호(2008.09.10)
주소 서울특별시 마포구 독막로28길 10, 109동 b-101-708호
전화 070.7520.9063 | **팩스** 02.6442.9061 | **홈페이지** www.culturecode.kr
이메일 culturecoding@gmail.com
ISBN 978-89-94814-29-2

잘못 만들어진 책은 구입한 곳에서 바꾸어 드립니다.